站在巨人肩上

# 从富兰克林谈电物理学

刘枫　主编

黄河出版传媒集团
阳光出版社

## 图书在版编目（CIP）数据

从富兰克林谈电物理学 / 刘枫主编 .—— 银川：阳光出版社，2016.7（2022.05重印）
（站在巨人肩上）
ISBN 978-7-5525-2787-2

Ⅰ.① 从… Ⅱ.① 刘… Ⅲ.① 富兰克林，B.（1706-1790）- 生平事迹 - 青少年读物②电学 - 青少年读物 Ⅳ.① K837.127=4 ② 0441.1-49

中国版本图书馆 CIP 数据核字 (2016) 第 181458 号


**站在巨人肩上　从富兰克林谈电物理学**　　　刘枫　主编

责任编辑　徐文佳
封面设计　瑞知堂文化
责任印制　岳建宁

黄河出版传媒集团
阳 光 出 版 社　出版发行

地　　址　宁夏银川市北京东路139号出版大厦（750001）
网　　址　http://www.ygchbs.com
网上书店　http://shop129132959.taobao.com
电子信箱　yangguangchubanshe@163.com
邮购电话　0951-5047283
经　　销　全国新华书店
印刷装订　天津兴湘印务有限公司
印刷委托书号　（宁）0020161

开　　本　710 mm×1000 mm　1/16
印　　张　9.25
字　　数　148千字
版　　次　2016年7月第1版
印　　次　2022年5月第2次印刷
书　　号　ISBN 978-7-5525-2787-2
定　　价　35.80元

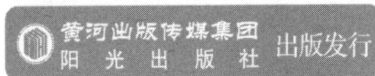

# 前　言

　　哲人培根说过:"读史使人睿智。"是的,历史蕴含着经验与真知。

　　科学的发展是一个漫长的过程,一代又一代的科学家曾为之不懈努力,这里面不仅有着艰辛的探索、曲折的经历和动人的故事,还有成功与失败、欢乐与悲伤,甚至还饱含着血和泪。其中蕴含的人文精神,堪称人类科技文明发展过程中最宝贵的财富。

　　本系列丛书共30本,每本以学科发展状况为主脉,穿插为此学科发展做出重大贡献的一些杰出科学家的动人事迹,旨在从文化角度阐述科学,突出其中的科学内核和人文理念,提升读者的科学素养。

　　为了使本系列丛书有一定的收藏性和视觉效果,书中还汇集了大量的珍贵图片,使昔日世界的重要场景尽呈读者眼前,向广大读者敬献一套图文并茂的科普读本。

　　由于编者水平有限,加之时间仓促,疏误之处在所难免,敬请广大读者批评指正。

编者

# 目　录

# 富兰克林的自我介绍

名句箴言

自我介绍

我是本杰明·富兰克林，1706 年 1 月 17 日出生在北美洲的波士顿。我的父亲原是英国漆匠，当时以制造蜡烛和肥皂为业，生有 10 个孩子，我排行第八。我 8 岁入学读书，虽然学习成绩优异，但由于家中孩子太多，父亲的收入无法负担我读书的费用，所以，到 10 岁时我就离开了学校，回家帮父亲做蜡烛，我一生只在学校读了两年书。12 岁时，我到哥哥詹姆士经营的小印刷所当学徒，自此我当了近 10 年的印刷工人，但我的学习从未间断过。我从伙食费中省下钱来买书，同时，利用工作之便，结识了几家书店的学徒，将书店的书在晚间偷偷地借来，通宵达旦地阅读，第二天清晨便归还。我阅读的范围

蜡烛

很广，从自然科学、技术方面的通俗读物到著名科学家的论文以及名作家的作品。

波士顿

　　我的自学只能在晚上下班后、早晨上工之前或是星期日进行。为了更多地进行学习,我尽量减少用在其他活动上的时间。当时,尽管我也认为做礼拜是人们应尽的义务,但还是常常设法从父亲的监督下躲避参加,独自一人留在印刷所,在练习写作和读书中自得其乐。在 16 岁那年,我偶然读到一个名叫特莱昂的人写的一本

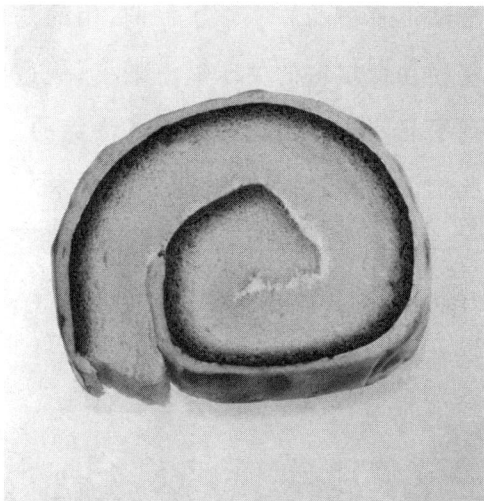

一片面包充饥

宣传素食的书,从此打算实行素食。当时,詹姆士尚未结婚,他和印刷所的学徒们都在一家饭店包饭,我的素食使得那家人为我们备餐时很不方便,我因此而受到哥哥的责怪。终于有一天,我向哥哥提出,把每月伙食费的一半交给我,由我自己来办理伙食,詹姆士马上就同意了。这样,我每顿饭以一块饼干或一片面包,一把葡萄干或一块苹果馅饼和一杯清水充饥,由此从伙食费中省出钱来买书。而且,每到吃饭的时间,詹姆士和其他人离开印刷所以后,我就草草吃过东西,然后利用剩下来的时间读书。素食使我获得了买

书的钱和看书的时间,我的学习进度加快了。

就是在当学徒的这段时期里,我把在写算学校曾两度考试不及格的算术学了一遍,用的是柯克的算术书,又读了赛勒和舍尔梅的关于航海的书,从这些航海的书里,我接触到了几何学知识。我还读了洛克的《人类的悟性》和波尔洛亚尔派的作者们写的《思维的艺术》。我的学习日渐深入。

也就是在这一时期里,我在改进自己文体的同时,注意到了论证方式的改进。一次,我偶然在一本英语语法书的后面发现了两篇关于修辞法和逻辑的简短介绍,其中关于逻辑的那篇在结尾时举了一个用苏格拉底对话法进行论辩的实例,我立即对

富兰克林

此产生了兴趣。此后不久,我买了一部色诺芬的《苏格拉底回忆录》加以研读。书中记载的苏格拉底运用对话法进行论辩的实例深深吸引住了我。从此,我放弃了自己生硬反

驳和武断立论的辩论方式，而效法苏格拉底，用一个谦逊的、对事物抱有怀疑的人的口吻发问。我发现这种方法常常使自己的对手，即便是"很有学识的人"也不得不让步，直到陷入窘境，而使自己和自己的论点获得往往是不应得的胜利。但几年以后，我又逐渐放弃了这种辩论术，而只保留了用谦虚的语句表达个人意见的习惯。在那以后，每当提出什么可能引起争论的意见时，我从不用"一定""无疑"等表示肯定语气的字眼，而宁愿用"我猜想""我料想""为了什么理由""在我看来这件事好像是"等等。后来，在我漫长的一生中，有许多场合我需要说服他人接受我的意见，而大多时候我都如愿以偿，这恐怕是大大得益于我的论辩技巧上的研究改进。

英国伦敦

1723 年我离开了波士顿，先后到费城的基末尔印刷所和英国伦敦的帕尔未和瓦茨印刷厂当工人。1726年秋,我回到费城,这时我已掌握了精湛的印刷技术,开始独立经营印刷所,印刷和发行《宾夕尼亚报》,并出版了《可怜的李查历书》,当时该书被译成12种文字,行销于欧美各国。1727年秋,在费城我和几个青年创办了"共读社",组织了小型图书馆,帮助工人、手工业者和小职员进行自学。每星期五晚上,讨论有关哲学、政治和自然科学等问题。这时我还不到30岁,通过刻苦自修,我已经成为一位学识渊博的学者和启蒙思想家,在北美的声誉也日益提高。在我的领导下,"共读社"几乎存在了40年之久,后来发展为美国哲学会,成为美国科学思想的中心。

费城

1736 年，我当选为宾夕法尼亚州议会秘书。1737 年，我担任费城副邮务长。虽然工作越来越繁重，可是我每天仍然坚持学习。为了进一步打开知识宝库的大门，我孜孜不倦地学习外国语，先后掌握了法文、意大利文、西班牙文及拉丁文。我广泛地接受了世界科学文化的先进成果，为自己的科学研究奠定了坚实的基础。

1746 年，一位英国学者在波士顿利用玻璃管和莱顿瓶表演了电学实验。我怀着极大的兴趣观看了他的表演，并被电学这一刚刚兴起的科学强烈地吸引住了，随后我开始了电学的研究。为集中精力从事科学研究，我把印刷所委托给了别人。我在家里做了大量实验，研究了两种电荷的性能，说明了电的来源和在物质中存在的现象。在 18 世纪以前，人们还不能正确地认识雷电到底是什么。当时人们普遍相信雷电是上帝发怒的说法。一些不信上帝的有识之士曾试图解释雷电的起因，但都未获成功，学术界比较流行的是认为雷电是"气体爆炸"的观点。

在一次试验中，我的妻子丽德不小心碰到了莱顿瓶，一团电火闪过，丽德被击中倒地，面色惨白，足足在家躺了一个星期才恢复健康。这虽然是试验中的一起意外事件，但思维敏捷的我却由此而想到了空中的雷电。经过反复思考，我断定雷电也是一种放电现象，它和在实验室产生的电在本质上是一样的。于是，我写了一篇名叫《论天空闪电和我们的电气相同》的论文,并送给了英国皇家学会。但我的设想竟遭到了许多人的嘲笑,有人甚至嘲笑我是"想把上帝和雷电分家的狂人"。

我决心用事实来证明一切。1752 年 6 月的一天,阴云密布,电闪雷鸣,一场暴风雨就要来临了。我和我的儿子威廉一道,带着上面装有一个金属杆的风筝来到一个空旷地带。我高举起风筝,我的儿子则拉着风筝线飞跑。由于风大,风筝很快就被放上高空。刹那间,雷电交加,大雨倾盆。我和儿子一道拉着风筝线焦急地期待着,此时,刚好一道闪电从风筝上掠过,我用手靠近风筝上的铁丝,立即产生一种恐怖的麻木感。我抑制不住内心的激动,大声呼喊:"威廉,我被电击了!"随后,我又将风筝线上的电引入莱顿瓶中。回到家里以后,我用雷电进行了各种电学实验,证明了天上的雷电与人工摩擦产生的电具有完全相同的性质。我提出的关于天上和人间的电是同一种东西的假说,在自己的

风筝实验

这次实验中得到了证实。

　　风筝实验的成功使我在全世界科学界名声大振。英国皇家学会给我送来了金质奖章,聘请我担任皇家学会的会员。我的科学著作也被译成了多种语言。我的电学研究取得了初步的胜利。然而,在荣誉和胜利面前,我没有骄傲,更没有停止对电学的进一步研究。

1753 年,俄国著名电学家李奇曼为了验证我的实验,不幸被雷电击死,这是做电实验的第一个牺牲者。血的代价使许多人对雷电试验产生了戒心和恐惧,但我在死亡的威胁面前没有退缩,经过多次试验,我制成了一根实用的避雷针。我把几米长的铁杆用绝缘材料固定在屋顶,杆上紧拴着一根粗导线,这根导线一直通到地里。当雷电袭击房子的时候,它就沿着金属杆通过导线直达大地,房屋建筑完好无损。1754 年,避雷针开始应用,但有些人认为这是个不祥的东西,违反天意会带来灾难,就在夜里偷偷地把避雷针拆了。然而,科学终将战胜愚昧。一场挟有雷电的狂风过后,大教堂着火了,而装有避雷针的高层房屋却平安无事。事实教育了人们,使人们相信了科学。避雷针相继

避雷针

传到英国、德国、法国,最后普及世界各地。

我的研究范围极其广泛。在数学方面,我创造了八次和十六次幻方,这两种幻方性质特殊,变化复杂,至今尚为学者称道。在热学中,我改良了取暖的炉子,用这个炉子取暖可以节省 3/4 的燃料,它被称为"富兰克林炉"。在光学方面,我发明了老年人用的双焦距眼镜,戴上这种眼镜既可以看清近处的东西,也可看清远处的东西。我和剑桥大学的哈特莱共同利用醚的蒸发得到 $-25℃$ 的低温,创造了蒸发制冷的理论。此外,我对气象、地质、声学及海洋航行等方面都有研究,并取得了不少成就。

**双焦距眼镜**

我是一位杰出的社会活动家,我一生用了不少时间去从事社会活动。我特别重视教育,兴办图书馆、组织和创立多个协会都是为了提高各阶层人的文化素质。

正当我在科学研究上不断取得新成果的时候,由于英

国殖民者的残暴统治,北美殖民地的民族解放运动日益高

涨。为了民族的独立和解放,我毅然放下了实验仪器,积极地站在了斗争的最前列。1757—1775年,我几次作为北美殖民地代

美国独立战争

表到英国谈判。独立战争爆发后,我参加了第二届大陆会议和《独立宣言》的起草工作。1776年,当时已70高龄的我远涉重洋出使法国,赢得了法国和欧洲人民对北美独立战争的支援。1787年,我积极参加了制定美国宪法的工作,并组织了反对奴役黑人的运动。

*Follow Me!*

跟我来！

电闪雷鸣是自古就存在的现象，人类一直认为雷鸣电闪是雷公电母在显示自己的威力，是上帝的灵光，是圣火、神火，宗教神学更是以此作为迫使教徒信服的有力证据。雷电确实给人类带来许多麻烦，它使森林起火燃烧，使高层建筑崩塌，甚至雷击杀人。现在人类已经知道雷电就是云层放电的结果，使用避雷针可以使高层建筑物免遭雷击……

人类是怎样认识电的呢？故事还得从古代工匠们的劳作说起。

电是由古代的制玉工匠们发现的。2000多年前，人们习惯用琥珀和玳瑁磨制精美的装饰品。

琥珀

琥珀是古代松柏树脂的化石，为淡黄色、褐色或红褐色的固体，玳瑁是一种海生龟类动物的甲壳，它们都比较坚硬。工匠们需要花费较长的时间来琢磨这些坚硬的琥珀和玳瑁，日久天长，人们发现刚磨好的琥珀和玳瑁有一种奇异的特性——能吸引绒毛和细线之类的轻微物体。中国汉朝的王充在他的《论衡》一书中，写下了"顿牟掇芥，磁石引针"的文字，指的就是上述摩擦生电的事情。后来中国的《博物志》一书中记载了木梳梳头或穿脱丝绸及毛皮质料衣服时，都会出现"噼噼啪啪"的声响和火星闪烁的现象。公元6世纪时，古希腊学者也研究了这种现象。

自此之后，1000多年过去了，人们还是没有看到实实在在的电存在。直到1600年前后，英国女王的御医吉尔伯特仔细研究了摩擦吸物的现象，并做了进一步的实验之后，才发现许多物质经摩擦后都能吸引轻微物体。他认识到这种"琥珀之力"应当蕴藏在一切物质之中。他根据希腊文琥珀的词根，创造了"电"这个新名词。把"顿牟掇芥，解结有光"之类归结为电现象，这是吉尔伯特在电学上的重大贡献。

吉尔伯特死后的第二年，电的发现才取得一点小小的进展，德国著名物理学家格里克研制出一架会摩擦起电的简单机器。他首先给硫黄球安上一根转轴,然后装到机器上使之旋转,旋转时用手与它发生摩擦,硫黄球就会带上电。这时再与别物接触,就会生出电火花。后来,牛顿又用玻璃球代替易碎的硫黄球,制成了真正的感应起电机。

有了摩擦起电机,人们就具备了深入研究电现象的最基本的条件。1729年,英国人格雷发现电可以传输,他通过实验证明了电可以沿金属导线从一个物体传到另外的物体上,但不能沿丝线传输。根据这些实验,格雷把所有物体分为两类:电的导体和非导体。

5年后,法国化学家迪费发现,用绒布摩擦过的玻璃棒能吸引小纸片,但两根同样的玻璃靠近时,却会互相排斥,如果把其中的一根换成绒布摩擦的树脂棒,它们又会互相吸引。迪费由此意识到两种棒上带的电不同,他分别把它们叫作"玻璃电"和"树脂电",后来干脆把它们叫作"正电"和"负电",并总结出了电的"同性相斥,异性相吸"的重要定律。

历史的车轮很快就走到了1746年,荷兰莱顿大学物理学教授马森布罗克看到,人们对看不见、摸不着、稍纵即逝的电不能长期保存,随时取用,十分不便,决心给电造一座贮存室,达到长期保存、随时取用的目的。经过长时间的试验探索,他终于在 1746 年研制成贮电瓶——莱顿瓶。当时,马森布罗克在给法国科学家利奥谬尔的信中这样描述自己的发明:

"我想告诉你一个全新的、令人惊心动魄的实验,并且我建议你不要再重复这个实验。你是知道的,现在我正在潜心研究电现象。为此,我在两根浅蓝色丝线上

**玻璃球**

悬挂一根铁棒,铁棒由一个玻璃球获得电荷,玻璃球迅速绕自己的轴旋转,并摩擦人的手掌,在丝线铁棒的另一端挂一根导线,铜导线的一端放在一个盛有半瓶水的玻璃瓶内。我用右手托住玻璃瓶,并试图用左手从带电的铁棒引出火花。突然,我的右手受到一阵猛烈的打击,全身都颤抖了,好像受到一次雷击那样。虽然瓶壁很薄的玻璃瓶并没有破碎,并且在受到这种打击时手掌通常也不挪动位置,但是我的胳膊肘和全身却受到难以用语言形容的可怕打击,这致使我当时以为一切都

完了。"

在马森布罗克研究的基础上,人们对莱顿瓶进行了改进,使它成为能够积聚起相当多的电荷,并在放电时能通过相当大电流的贮电器。由于莱顿瓶能获得大量电荷,所以它在电学发展中起过很大的作用,被人们誉为"神奇的魔瓶"。就在电学稳步发展的时候,18 世纪初,美国造就了它的第一位科学巨人——富兰克林。

富兰克林是电学的先驱者之一,在 18 世纪中叶以后,富兰克林在人们的心目中几乎成了电的化身,他因为"从天空夺得了闪电"而震动了世界。

本杰明·富兰克林,1706 年生于美国气候宜人、风景秀美的滨海城市波士顿。他的父母是以制造肥皂和蜡烛为业的小手工

**本杰明·富兰克林画像**

业者,他的家庭贫困低贱。富兰克林从小聪明好学,8 岁时进公校读书,门门功课都名列前茅。因家庭困难,他只上了两年的公学、一年的私塾就辍学了。11 岁的小富

兰克林做起了父母的帮工,12岁到一家印刷所当徒工。

印刷所是富兰克林成长的又一个地方,在那里,他一有机会就阅读各种书籍,开阔了自己的眼界,这对他以后的一生都产生了很大的影响。他攻读文学,练习写诗,学习算学,研究航海术,由于勤奋好学,富兰克林进步很快,成为美国最博学的人之一。

**富兰克林进行研究**

富兰克林诞生之初,电学几乎处于一片空白,对电学进行探索的学者为数也不多。震惊世界的莱顿瓶的发明,使富兰克林踏上了电学研究之路。

1745年冬天,莱顿瓶的研制成功像春雷一样把电学惊醒了!第二年,英国学者斯宾丝来波士顿讲学,表演了电学实验,当时的富兰克林观看了演示,就是这次演示使他对电学产生了浓厚的兴趣。他开始投入到电学研究中去,此时他已届不惑之年了。

经过 10 多年艰苦卓绝的研究,富兰克林确立了电的正负性质,证明了闪电和电之间的关系。在研究电现象过程中,由于缺乏专门术语,富兰克林创造了许多电学用语,这些电学专业词汇在现代电学中仍在使用,例如正电、负电、电池、电容器、充电、放电、电击、电枢、电刷等。

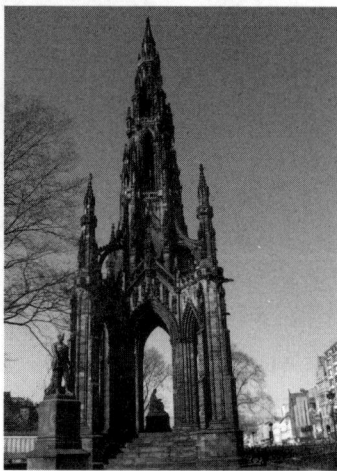

**苏格兰**

在电学研究实验中,富兰克林发现带有不同性质电荷的两种物体接触时,都能发生电火花。据此他大胆想象,提出天空的雷鸣闪电和摩擦生成的电是相同的。来自苏格兰的斯别谢尔博士的"奇怪的戏法"表演,更加深了富兰克林的思路和印象。

好奇的观众挤满了美国费城斯宾逊报告厅，他们在等待着斯别谢尔博士的表演。这时，斯别谢尔缓缓走来，只见他身披一件黑色斗篷，这更增加了神秘的气氛。他拿起一根玻璃棒，在一块绸手帕上擦了几下，然后把玻璃棒靠近一堆小纸屑，突然，由于一种莫名其妙的原因，纸屑都飞起来并贴到玻璃棒上。试验者又拿起一个像大玻璃瓶那样的东西，从那里突然迸发出一股长长的强烈的火花，当他用这些令人眼花缭乱的东西打到第一排某个志愿者身上时，仿佛有一种无形的强大的力量致使那人由于疼痛而大声尖叫起来，并从自己的座位上蹿了出去。这时，如醉如痴的观众对表演者的魔力更加深信不疑。然后，博士又用同一方法向一只鸡击去，那只鸡立刻就像遭雷击了似的倒下死去了。最后，他又用这种方法将远处的酒精点燃，酒精喷出了炽热的火焰。

斯别谢尔的魔术让许多人惊呆了，一种难言的恐怖充满了报告厅，当然，富兰克林并不属于这类惊呆的人。类似的特技表演在美国的很多城市里都非常盛行，这些表演大多使用最新发明的物理仪器满足人们好奇和寻求刺激的心理，借机骗取更多的钱财。

富兰克林怀着满腹的心思离开表演大厅。满天的乌云预示着电闪雷鸣即将到来,雨滴已经落到地上,但富兰克林并没有在意。

"斯别谢尔博士从莱顿瓶里得到的放电产生了长长的电火花,这与闪光很相似。"他喃喃自语道。很久以来,这种想法使他心神不宁。

突然,一道闪电划破了天空,雷声震耳欲聋。富兰克林出神地望着天空,此刻他似乎有所感悟。起初,那只是一种猜想,后来逐渐形成了一种坚定的信念。

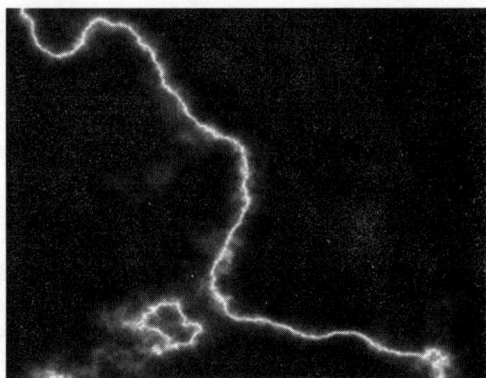

闪电

"通常这种闪电会不会就是极大的放电呢?"他不停地向自己发问。

"怎样才能检验闪电是不是放电呢?"

富兰克林带着疑问一路思索着,到家时全身都湿透了,但他并未因此而烦恼,反而感到很兴奋,他仿佛找到了问题的答案。他点亮灯,披上衣服,欣然地给远隔大西洋的朋友写信:

"我认为莱顿瓶放大产生的电火花与雷雨云发生闪电极其相似，莱顿瓶电量越大时，越是如此。闪电具有电的本质，这一点是确定无疑的。下一步，我要用实验去证实它。"

接下来，富兰克林在与朋友的通信中又提出了检验这种想法的方法。他说："在塔楼顶上建一个小棚，棚顶上支一根铁棒。这样，在大雷雨的时候棚内的人就可以从铁棒上引下电火花。"

富兰克林的设想传到法国，法国人达里巴尔在1752年5月完成了富兰克林提出的实验，达里巴尔在巴黎近郊自己的花园里装了一根很高的铁杆，使它与地绝缘。当大雷雨来到时，他成功地从铁杆上引下了电火花。同年夏天，富兰克林在美国费城也成功地进行了捕捉"天电"的实验。

巴黎

1752年7月，富兰克林完成了他捕捉"天电"的伟大构想。那天，天空乌云骤起，雷声阵阵，电光闪闪，捕捉

"天电"的好时机到来了。正在费城的富兰克林和他的儿子立即行动起来。他们早就准备好了用丝绸做的大风筝。风筝上安有一段长长的铁丝,还准备好了风筝引绳、实验用的金属钥匙以及用以蓄电的莱顿瓶等。他们迅速把风筝放入高空,期待着实验成功。

一道耀眼的闪电划破万里长空,带来一声惊雷,一块积雨云从风筝上空迅速飘飞过去。这时,风筝上的铁丝立即传导了雷电,淋湿了的风筝引绳又把雷电传到了下面的金属钥匙上。富兰克林碰碰金属钥匙,钥匙放出了电火花。他观察淋湿了的牵引绳,绳上原来松散的纤维现在全向四周直立起来

**金属钥匙**

了,和实验室皮毛摩擦生电时完全一样。紧接着,富兰克林把钥匙与莱顿瓶接触,开始将雷电储存起来。雨过天晴,风筝像远航的船儿归来了。富兰克林发现莱顿瓶中得到的电和在地上得到的电完全一样,用它可以引起电火花,点燃酒精灯,进行各种电学实验,这些实验彻底证实了雷电和摩擦电相同的预言。

富兰克林父子在举世闻名的电风筝"费城实验"中安然无恙，实在是万幸。因为大雨淋湿风筝上的牵引绳而传导下来的雷电足以置人于死地。"费城实验"传到俄国圣彼得堡以后，俄国科学院院士罗蒙诺索夫和李奇曼于1753年夏天重复了这一实验，实验中一个球状闪电落到李奇曼头上，使他成了这门新学科的第一个殉难者。富兰克林是冒着生命的危险揭开天电奥秘的，这位开拓者侥幸免遭死神的侵袭。

通过实验，富兰克林发现人要逃脱雷电的打击是完全有可能的，在这个想法的基础上他发明了避雷针。在费城进行的实验使他意识到，电闪雷鸣是雷电云放电的结果。雷电云是一个电极，大地是另一个电极，在高层建筑物上安装一根

高层建筑物

长的导线,可以把雨云中的电荷不断地传导到地下,以避免剧烈放电造成建筑物的损坏。避雷针的发明,为电学史增添了闪光的一页。

1760年,富兰克林为美国费城一座高层建筑物上安装了世界上第一根避雷针,使建筑物避免了雷击的危险。1775年,巴黎两座高层建筑物并列在一个地区内,一座未安装避雷针的遭雷击以至严重损坏,另一座安装避雷针的则安然无恙,因此避雷针的功效为整个巴黎人所折服。1776 — 1778年,避雷针式的帽子成了巴黎最时兴的式样,富兰克林成了他同时代人崇拜的偶像。

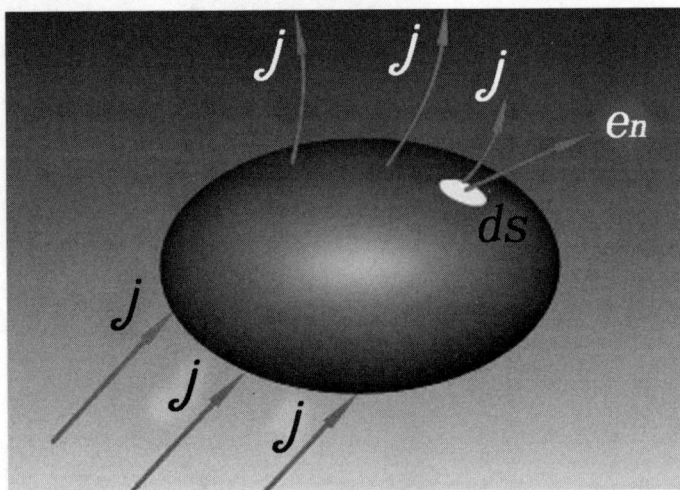

**电荷守恒定律示意图**

避雷针是电学理论在实际中的第一次应用,它反过来促进了电学的研究。

富兰克林通过实验提出了著名的"电荷守恒"概念。为了使某个物体带上负电荷,就需要从其中移走一定数量的电物质,这些电物质进入另一个物体,并在该物体内建立同样数量的正电荷。如果把这两个物体连接在一起,则电物质应当在它们之间重新分布,使这两个物体重新成为电中性。

富兰克林用实验演示了这个电荷守恒原理。两个人站在一个绝缘板上,其中一个人摩擦一支玻璃棒。此时,若另一个人用手指触及玻璃棒,就会有火花跳到手指尖上。这时两个人都带了电:一个带正电,另一个带负电,但两个人所带的电量的绝对值相等。若再让这两个人相互接触,他们将同时失去自己的电荷而变成中性。后来,许多科学家都确认了"电荷守恒定律"。

富兰克林所做的科学研究工作推动了电学的发展,他的著作《电学的实验和研究》是近代科学史上第一部系统的电学理论著作。这本书不胫而走,传遍欧美各国。

1790年,84岁高龄的富兰克林辞别人世。他一生担任过许多高级职务,但他始终以当过一名普通的印刷工人而引为自豪。在他自撰的墓志铭里,自称"印刷工富兰克林"。富兰克林得到了后人的爱戴和尊敬,他逝世时，美国人民怀着深切的悼念之情，为他致哀 1 个月。在他逝世之后，一大批慕名而来的追随者接过他的接力棒，进一步走向电学的纵深领域。

富兰克林对大自然有着广泛的兴趣。他研究过物体的热传导、声音在水中的传播、利用蒸发取得低温的方法，他还研究过植物的移植、传染病的防治，在横渡大西洋时，他观察了海湾暖流对气候的影响，测量了海水的流速和温度等等。

本杰明·富兰克林是资本主义精神最完美的代表，是 18 世纪美国最伟大的科学家，是著名的政治家和文学家。他一生最真实的写照是他自己所说过的一句话："诚实和勤勉，应该成为你永久的伴侣。"

电 学 发 展 史
简

## 名句箴言

你热爱生命吗？那么，别浪费时间，因为时间是组成生命的材料。

——富兰克林

## 雷电认识起源

我们的祖先很早就十分关注大自然中的雷电现象，并且对这种现象进行了细致的观察。公元前1500多年，殷商时代的甲骨文字中就出现了"雷"字。到稍晚的西周，在青铜器上又出现了"电"字。

雷电是如何形成的？雷电具有怎样的本质呢？我国古代的思想家和科

青铜器

学家从对自然界物质本源的认识出发也做过不少探讨。东汉的王充在《论衡》中对雷电成因做了如下的解释：夏天阳气占支配地位，阴气与它相争，于是发生碰撞、摩擦、爆炸和激射，从而形成雷电。他还举出 5 个例证说明雷电就是火，并用以驳斥了雷电是"天公发怒"的迷信之说。

关于尖端放电现象，早在西汉末年，人们就已开始对它进行观察记录了。三国和南北朝时期，古籍中就出现过"避雷室"，这说明当时我国已经有了避雷

玳瑁

装置。关于物体经过摩擦能够吸引轻小物体的现象，我国

认识得也很早。西汉末年,《春秋纬·考异邮》中就记载经过摩擦的玳瑁能够吸引轻小物体。西晋时的张华在他所写的《博物志》中记载了常见的静电现象,如梳子与头发摩擦而起电,外衣与不同质料的内衣摩擦也可以起电,而且天气干燥时,还能看到小火星,并听到微弱的声音。

我们的祖先对电的猜测和研究对电学的发展起到了极大的推动作用,在他们研究的基础上,我们迎来了一个电学研究的春天。

名句箴言

念高危，则思谦冲而自牧；惧满盈，则思江海下百川。

——魏征

## 格雷发明电线

那是 1729 年的一个冬日，雾气弥漫在整个伦敦的上空，一个衣着寒酸的人在街道上急急忙忙地走着。他好像在专心地思考着什么，完全没有注意到周围的车马和行人。几个月来，他一直都在试图让电荷通过一条长长的金属线，结果都没有成功，这一次又一次地失败使他十分烦恼。现在，他终于找到了一点眉目,决定马上到好朋友惠勒家里去完成这个实验。

金属线

这个行色匆匆的人就是斯蒂芬·格雷,他是一位无职业的穷人,仅凭一点退休金度日,他的朋友惠勒却是个有钱的人,出于对电学研究的共同爱好,两人结成莫逆之交。说实话,没有惠勒的资助,格雷的研究是难以进行的。

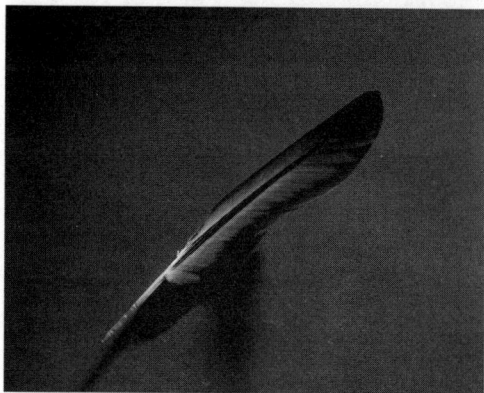
羽毛

终于来到惠勒家了,一见到惠勒,格雷就兴奋地说:"问题找到了,让我们再试一次吧!"他急忙打开包袱取出一捆金属线,在客厅里把金属线从这一头拉到那一头,一会儿客厅里便布满了电线。他又在金属线的一端系上一只象牙球,这才对惠勒说:"惠勒,你把羽毛放在象牙球附近,注意观察,我去另一边。"格雷走到另一端,然后用力摩擦玻璃棒。当他把带电的玻璃棒与金属线接触时,守在另一端的惠勒立即大声喊道:"电传过来了,象牙球吸住羽毛啦!"格雷第一次使电荷沿着 270 米长的导线进行了传递。

两位狂热的电学爱好者沉浸在成功的喜悦之中。惠勒说:"格雷你真了不起,你解释一下成功的奥妙在哪里?"格雷说:"以前的实验都不成功,毛病出在挂金属线的钩子上。因为假定金属

电线

是传电的物质,当我们用金属钩子挂电线的时候,电自然就顺着钩子跑到墙上去了。这些天我一直进行实验,寻找不传电的物质,结果我发现丝线就是一种很好的不传电的物质。"惠勒说:"真的!我怎么没有注意到今天的实验全部改用丝线悬挂金属线了。我的好朋友,这本身就是一个重要的发现。"

在成功地使电荷沿着长长的导线传递之后,格雷继续自己的实验。在一系列的实验和研究中,格雷发现了一批

不传电的物质,通过比较他还证明了金属是最好的导电物质。格雷是第一个把不善于导电的物质叫绝缘体,把善于导电的物质叫作导体的人。他还把绝缘材料缠绕在金属导线上,制成了世界上第一根电线。

## 名句箴言

虚伪的谦虚，仅能博得庸俗的掌声，而不能求得真正的进步。

——华罗庚

# 库仑与点电荷

马提尼克岛是一个重要的岛屿，是法国海军的战略要塞。为了加强这座岛的战略防备，使这座海上要塞固若金汤，岛上正在进行紧张的施工。

海岛的施工场地上，水泥、砖石等建筑材料堆放得整整齐齐，施工有条不紊，工程进展相当迅速。查理·德·库仑是负责要塞建筑的技术总监，他是巴黎军事工程学院毕业的一位高材生,年龄不足40岁。库仑先生精力充沛、技术精湛,工艺要求一丝不苟,但又十分平易近人,岛上建筑者都十分佩服库仑先生,人们亲切地称他为"长明灯查理"。原来,库仑白天投入紧张的施工,东边跑跑,西边

**库仑**

看看,一会儿协助技术员测量尺寸,一会儿帮工人解决技术难题,整天忙得不可开交。夜幕垂落,当人们从繁重的工作中解脱出来,沉入梦乡时,库仑房间的灯光却仍然没有熄灭,常常一直亮到启明星升起,因此,人们送给他一个"长明灯查理"的雅号。

日复一日,年复一年,几个春秋过去了。人们开始对这位辛勤的"长明灯查理"的行为感到迷惑不解,时间一长就习以为常、司空见惯了。1776年,库仑和建筑工程队离开海岛返回法国,不久,当工程队的朋友们得知他成为法国科学院院士时,才明白"长明灯查理"房间灯光的奥秘,原来那灯光里凝聚着汗水啊。

还在学校上学的时候,库仑就为科学技术所陶醉和

沉迷。

在巴黎军事工程学院学习期间，同学们就为他起了个"莱顿瓶"的绰号。给他取"莱顿瓶"这个绰号是有着特殊的意义的，那么莱顿瓶到底是一个怎样的瓶子呢？莱顿瓶

莱顿市

是18世纪40年代末发明的贮电瓶，这个神奇的贮电瓶是由荷兰莱顿市物理学家马森布罗克发明的。莱顿瓶实际上是一个普通的原始电容器，由于利用莱顿瓶能获得大量的

电荷，所以它在电学发展史上曾起过很大的作用。大学期间的库仑最得意的两件事：一是研读牛顿的力学理论；二是试验莱顿瓶的作用。莱顿瓶能够放电，当很多同学被库仑的莱顿瓶电击过以后，库仑便获得了那个不雅的绰号。

验电器

当时，人们经常利用莱顿瓶来观察物体的放电现象，科

学家们也设计出各式各样的验电器。例如,意大利牧师贝内特制造了一种金箔验电器,这种验电器是在玻璃容器内放两张金属箔片,在起电时两张金属箔片会张开,人们用它来测量电力的存在,但电力是什么?究竟有多大?当时谁也说不清楚。库仑研究莱顿瓶的时候,科学界已经知道使两片金箔张开的力是由同种电荷相互作用产生的,可以看成是两个点电荷之间的斥力作用。

大学毕业时,有一个问题还始终困扰着库仑,这个问题就是怎样用牛顿力学的形式来描述电荷之间的相互作用?可以说,库仑是带着电学和力学相互渗透的问题离开学校的。

库仑在不断地思索着,电力究竟是什么?怎样才能测量电力的大小呢?由于牛顿力学在当时的成功以及所产生的影响,库仑认为答案就在牛顿力学理论中。为了解决这一问题,库仑决定暂时放下他心爱的莱顿瓶,专门攻读牛顿力学理论。从此,库仑沉入了牛顿力学的海洋。开始时还不适应,呛了几口水,慢慢地,他能够游泳了,只是时间不

牛顿

是太长,最后竟能够自如地遨游了。

学工程建筑出身的库仑认为只有使自己的专业结合牛顿理论,才能更好地掌握牛顿理论的精华,同时促进工程建筑的发展。不论是马提尼克岛、埃克斯岛的海外工程,还是瑟堡、巴黎等地的建筑,他都把主要精力放在研究工程力学和静力学问题上,度过了无数个不眠之夜。

库仑将牛顿力学运用在工程建筑上取得了很大的成绩。一次他从海外施工地回巴黎,顺便参加了法国科学院召开的专门研究航海设备问题的会议。作为会议的非正式代表,他顺利解决了会议规定的题目,引起

指南针

了与会者的震惊。与此同时,他还成功地设计了新的指南针结构以及许多实用的普通机械。

1784 年,库仑发表了一篇论文,介绍了他所发现的线性扭转力与线材的直径、扭转角度等数值之间的关系,引起了科学界的广泛好评。

在当选为科学院院士之后,库仑又拿起了心爱的莱顿瓶向电学问题冲击了。经过 20 多年的磨炼,他已经不是那

个拿着莱顿瓶劝诱别人尝尝电击滋味的毛头小伙子,而是一个具有很深力学理论造诣和施工设计能力的专家了。

经过反复的实验,库仑发明了测力的精密仪器——扭秤。它是一条轻的水平铁片,在中点上系上一根长的细铁丝,挂在玻璃匣内,由此构成扭秤。库仑把一个带电的球放在铁片的一端,拿另一个带电的球与它接近,铁片就会扭转,他用这个仪器发现了静电之间的相互作用力随着距离平方的增加而减少。扭秤真是一个了不起的发明。

库仑发明扭秤时,心里一直惦记着两个问题,这两个问题也是当时物理学家苦思不得其解的。一是如何测量电流的强弱。现在我们用万用表一量,马上就知道电流强弱,方便得很。但是,在库仑那个时代,要测量电流的强弱是一件很困难的事情,物理学家们都是用自己的身体及感受作为一只测量仪表,和库仑同时研究电现象的英国科学家卡文迪许就是这样记录大量数据的。他用手指抓住电极的一端,注意是手指局部,还是从手指一直到腕关节,甚至从手指一直到肘全都感到电震,从而来估计电流的强弱,库仑也咬紧牙关多次这样测量电荷的强弱。他心想:这种方法测量结果必然要受到个人主观感受的影响,准确度很难把握。库仑此时把心中的另一个问题也提出来,怎样测定电荷之间的作用力的大小呢?为了找到这两个问题的答案,他付出了艰辛的劳动。

1785年，经过长期思考和多次扭秤实验，库仑终于豁然开朗了。困扰他的两个问题最后结合起来成为一个问题，即用电流大小来测量相互作用力的大小或者用电荷相互作用力的强弱来标定电流的强弱。这样，电荷量与电力就结合在一起了。

研究思路一旦产生突破以后，接下来的实验就很顺利了。库仑要测得电荷相互作用力，依靠他发明的扭秤就可以完成。在这一思路的指导下，经过一系列的实验，他推导出表示两静止点电

高斯

荷间相互作用力的定律，即著名的库仑定律。库仑定律是电学史上的第一个定量的定律，库仑定律的产生揭开了发现各种电学定律的序幕。

电学发展的脚步在加快。德国物理学家、数学家高斯根据库仑定律做出了电量单位定义：即当两个具有同样电量的点电荷在真空中距离为1厘米，作用力等于1达因时，这两点电荷具有1个绝对静止单位的电荷。高斯还发展了

库仑定律,提出了高斯定律,推广了库仑定律的应用范围。为了纪念法国物理学家和工程学家查理·德·库仑,直到现在人们还把电量单位叫作库仑。

库仑的研究工作使电学从定性研究进入定量研究的阶段。从此,一系列电学现象都将被定量地揭示出来。电学的春天来到了,在春光沐浴中,又一批伟大的电学家长大了,他们是安培、欧姆、高斯……一代一代人的努力促进了电的应用。

名句箴言

我要做的事，不过是伸手去收割旁人替我播种的庄稼而已。

——歌德

电源之父伏打

意大利物理学家伏打于 1745 年 2 月 18 日出生在意大利科莫一个富有的天主教家庭里，他的父亲和一位高贵的妇女结婚之前，一直是耶稣会的一位新教徒，已有 11 年之久，这位妇女也是一位宗教信仰很深的人。伏打的父亲有 3 位担任圣职的兄弟，有 9 个儿女，其中 5 个加入教会。伏打非常崇拜他担任副主教的兄弟和他最好的朋友、大教堂牧师加托尼，但伏打在接受耶稣会教育后，宁愿过一种世俗生活，虽然他周围的宗教社会整个说来还是快乐的，热爱生活的，而且是相当开明的。

伏打的婚姻似乎有点坎坷，他和一位歌女同居了多年，但在大约 50 岁时却和另一

伏特

个女人结了婚，他的妻子被描述为一位普通的家庭妇女，高贵、富有和聪慧。

科莫

伏打学习的主要科目是拉丁文、语言学和文学。他有时写作法文和意大利文的十四行诗以及拉丁文颂诗，19 岁

时他写作了一首关于化学发现的六韵步的拉丁文小诗。他居住的科莫周围地区甚为繁华，与瑞士的交通也非常便捷。奥地利政府当时信奉自由主义，因此这地区的富豪们都过着一种悠闲舒适的生活。

由于生活悠闲的缘故，伏打对科学的喜爱似乎是自然而然发生的。他在青年时期就开始了电学实验，读了他能够找到的许多书，并且对电学这项工作深感兴趣。他的好友加托尼送给他一些仪器，并在家里让出了一间房子来支持他的研究。伏打16岁时开始与一些著名的电学家通信，其中有巴黎的诺莱和都灵的贝卡里亚。

贝卡里亚当时是一位很有成就的国际知名的电学家，他告诉伏打要少提理论，多做实验。事实上，伏打青年时期的理论思想远不如他的实验重要。随着岁月的流逝，伏打对静电的了解已经可以和当时最好的电学家媲美。不久他就开始应用他的理论制造各种有独创性的仪器，他对电量、张力、电容以及关系式 $Q=CV$ 都有了明确的了解。1769年，伏打发表了第一篇科学论文。

伏打善于制造各种各样的科学仪器，他制造的仪器中一个杰出例子是起电盘。一块导电板放在一个由摩擦起电的充电树脂"饼"上端，然后用一个绝缘柄与金属板接触，使它接地，再把它举起来，于是金属板就被充电到高电势，这个方法可以用来使莱顿瓶充电。这一发明是非常精巧的，以后发展成为一系列静电起电机。

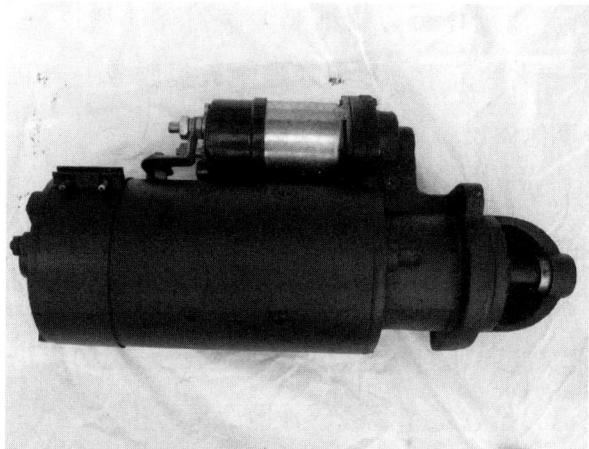

起动机

伏打在长期的电学研究中发现定量地测定电量非常重要，于是他设计了一种静电计，这就是各种绝对电计的鼻祖，它能够以可重复的方式测量电势差。他还为他的静电计建立了一种刻度，根据电盘的发明，根据他的描述，我们可以确定他的单位是今天的 13350 伏。

由于发明了精巧的电学仪器起电盘，1774 年伏打担任了科莫皇家学校的物理教授。他的名声开始扩展到意大利以外，苏黎世物理学会选举他为会员。

伏打的兴趣是非常广泛的，他的研究范围并不局限在电学之内。他通过观察马焦雷湖附近沼泽地冒出的气泡发现了沼气。他把对化学和电学的兴趣结合起来，制成了一种称为气体燃化的仪器，可以用电火花点燃一个封闭容器内的气体。

　　伏打在 32 岁时去瑞士游历,见到了伏尔泰和一些瑞士物理学家。回来后他被任命为帕维亚大学物理学教授,这是伦巴第地区最著名的大学。他担任这个教授职务一直到退休,正是在那里他做出了他划时代的发现。

　　1792 年,伏打再次来到国外做另一次长途游历,这次游历并不限于邻近的瑞士,而是到了德国、荷兰、法国和英国。他访问了一些最著名的同行,例如拉普拉斯和拉瓦锡,有时还和他们共同做实验。他当时还被选为法国科学院的通讯院士,不久又被选为伦敦皇家学会的外国会员。

沼泽地

在过了 45 岁生日不久,伏打读到了伽伐尼 1791 年的文章,这促使他做出了最大的发明和发现。他开始还有些犹豫,但不久他就开始了工作,用伏打的话说,他实验的内容"超出了当时已知的一切电学知识,因而它们看来是惊人的"。

起初伏打同意伽伐尼用蛙做莱顿瓶的观点,但几个月后,他开始怀疑蛙主要是一种探测器,而电源则在动物之外,他还

蛙

注意到,如果两种相互接触的不同金属放在舌上,就会引起一种特殊的感觉,有的是酸性的,有时是碱性的。

他首先做出了假定,即两种不同的金属,例如铜和锌接触时会得到不同的电势。他测量了这种电势差,得到的结果与我们现在所知的接触电势差没有多大差别。至少当连接肌肉和神经的金属电弧是双金属时,只要假定蛙是一种非常灵敏的静电计,伽伐尼实验就得到了解释。当然,伽伐尼回答说,甚至当金属电弧是单金属的时候,他也能够观察

到肌肉的收缩。这是一种严峻的反对意见,伏打对此指出了金属的不纯和其他原因来为自己辩解。

伏打进行了更加深入的研究,1800 年 3 月 20 日他宣布发明了伏打电堆,这是历史上的神奇发明之一,它为以后电池的产生铺平了道路。

伏打发现导电体可以分为两大类,第一类是金属,它们接触时会产生电势差;第二类是液体,它们与浸在里面的金属之间没有很大的电差。第二类导体互相接触时不会产生明显的电势差,第一类导体可依次排列起来,使其中第一种相对于后面的一种是正的,例如锌对铜是正的,在一个金属链中,一种金属和最后一种金属之间的电势差是一样的,仿佛其中不存在任何中间接触,而第一种金属和最后一种金属直接接触似的。

伏打最后想到了一个办法,他把一些第一种导体和第二种导体连接得使每一个接触点上产生的电势差可以相加。他把这种装置称为"电堆",因为它是由浸在酸溶液中的锌板、铜板和布片重复许多层而构成的。他在一封写给皇家学会会长班克斯的著名信件中介绍了他的发明,用的标题是《论不同导电物质接触产生的电》。

伏打电堆是一项伟大的发明,它能产生连续的电流,它的强度的数量级比从静电起电机得到的电流大,因此开始了一场真正的科学革命。阿拉果在 1831 年写的一篇文章中谈到了对它的一些赞美:"……这种由不同金属中间用一些液体隔开而构成的电堆,就它所产生的奇异效果而言,乃是人类发明的最神奇的仪器。"他描述了当时所知道的一切情况,我们必须记住,在1831年,电流还没有什么重要的实际应用。

伏打最伟大的成就是在他达到55岁高龄时得到的,它立即引起所有物理学家的欢呼。1801年他去巴黎,在法国科学院表演了他的实验,当时拿破仑也在场,他立即下令授予伏打一枚特制金质奖章和一份养老金,于是伏打成为拿破仑的被保护人,正如20年前,他曾经是奥地利皇帝约瑟夫二世的被保护人一样。

1804年,伏打要求辞去帕维亚大学教授的职位时,拿破仑没有接受他的要求,并且赏赐他更多的名誉和金钱以及授予他伯爵称号。拿破仑倒台后,伏打使自己与归国的奥地利人和睦相处,没有发生多少麻烦。因此他安然地度过了那个激烈变化的历史时期,无论是谁当权,他都受到了尊敬,同时他对政治毫不关心,只专心于他的研究。

伏打人生的最后8年是在他的坎纳戈别墅和科莫附近度过的,他完全过着一种隐居的生活。

1827年3月5日,伏打去世,终年82岁。为了纪念他,人们将电动势单位取名伏特。

## 名句箴言

一个人的真正伟大之处就在于他能够认识到自己的渺小。

——约翰·保罗

## 安培与电磁感应

**电**磁学的研究大大地促进了人类社会的进程,电磁感应现象是电磁学中最重大的发现之一,这一发现进一步揭示了电与磁的相互联系和转化,对这一现象的确切系统研究是法拉第最伟大的实验成果之一。

1831 年,在法拉第宣布他发现了电磁感应之后,法国科学家安培声称,

电磁感应

实际上他在 1822 年已经在实验中看到了一个电流能够感应出另一个电流的现象。事实确是如此,只是事情过去了 10 年,安培才意识到他痛失了一次做出重大科学发现的机会。那么,安培为什么没有能够发现电磁感应的规律呢?

1821 年 7 月和 1822 年夏末,安培和他的助手奥古斯特·德莱里弗共同做了这样一个实验:一个固定在支架上的线圈,它是由很多匝绝缘导线绕成,它与伏打电堆相连,在线圈内有一个用很细的铜条弯成的铜

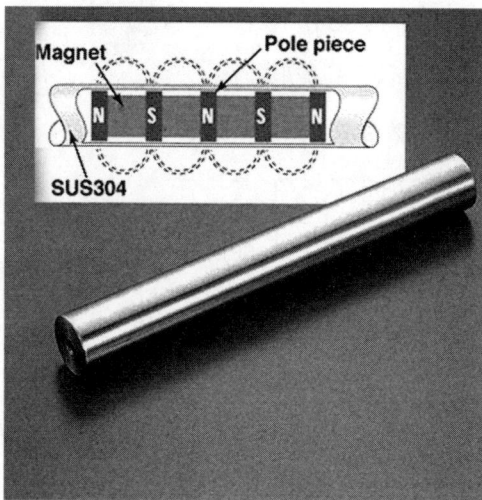

磁棒

环,这个铜环用一根细线悬挂在线圈内,使钢环与线圈正好同心。1821年,安培实验时,先将线圈与伏打电堆接通,再把一根磁棒移近铜环,在实验中他们没有观察到磁效应。1822年的实验装置与1821年相同,不同的仅仅是用一个马蹄形的强磁铁代替了磁棒,就是这个小小的改动让他们观察到了铜环的偏转。

在进行了那个实验之后,安培是这样描述实验的:"在电流通过螺旋线圈以前,铜环和磁体之间没有相互作用。"也就是说:电流接通以前,磁体已经放在铜环附近了。在实验中,他们两个人都清楚地观察到了铜

马蹄形磁铁

环发生偏转,我们现在知道,铜环发生偏转是由于在接通电源时,铜环中产生了瞬时性的感应电流,感应电流引起了铜环和马蹄形磁铁之间的吸引和排斥。但是,安培和他的助手都没有指出铜环中产生了瞬时性的感应电流。

如果我们现在有机会重做安培和德莱里弗的实验,就

会发现铜环的偏转是很明显的,而且会持续一段时间。安培和德莱里弗两个人都不明白这个实验出现的这种现象应该如何解释,并且没有足够地重视这一转瞬即逝的实验现象,他们试图用磁化来解释这一现象。

德莱里弗在实验报告中说:"这个重要的实验表明,虽然铜不能像铁、钢那样被电流永久地磁化,但是当它们受到这种影响时,至少能被暂时地磁化。"也就是说,德莱里弗认为铜环是被通电线圈的电流暂时磁化才与磁体之间发生了吸引和排斥。安

**直流安培表**

培的解释更为清楚,他说:"如果不承认在铜环中存在着可以形成运动电流的少量铁的话,这个实验就无疑地证明了感应能够产生电流。"安培已经意识到了产生感应电流的可能性,但他也没有否认可能是铜环中存在有少量铁,铁的磁化使它与磁体之间产生了吸引和排斥。

事实上,铜环的偏转是一个极其具有代表性的表现,然而遗憾的是,德莱里弗和安培都没有认识到这个实验的极大重要性,没有认真地对待这一实验现象,安培在报告中竟做出了如此令人惊讶的结论:"感应能够产生电流这一事实,尽管它本身是很有趣的,但它与电动力作用的总体理论是无关的。"在电学领域取得不少成就的安培为什么会做出了这样一个不正确的结论,从而忽视了这项重要的实验发现呢?这与安培当时的电学研究工作的背景和工作目标有关。

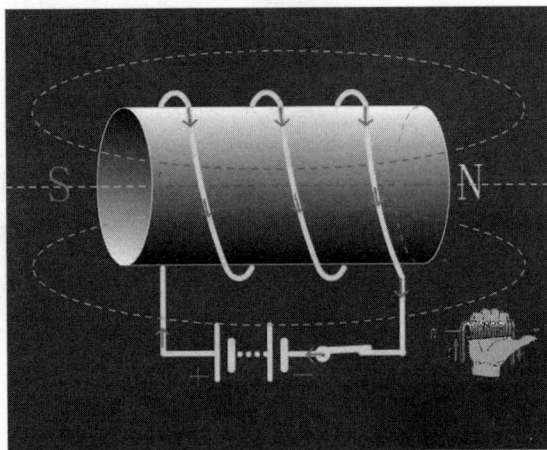

**安培定则示意图**

安培是科学史上颇有建树的电学家,他最重要的科学发现是在 1820 年以后取得的。1820 年是电磁学历史上一个重要的年代,这一年,丹麦科学家奥斯特发现了电流的磁效应,对科学界 100 多年来所相信的电与磁毫无联系的观点产生了极大的冲击。奥斯特在实验中发现,把一根导线平行地与小磁针放置,当有电流通过导线时,小磁针向垂直于导线的方向大幅度地转过去。奥斯特紧紧抓住了这一发现,先后做了60多个实验,除了把磁针放在不同的位置来考察电流对它的作用方向以及作用强弱之外,还让电流隔着玻璃、金属、木头、水、树脂、陶器、石头而作用在磁针上。他发现,在磁针和导线之间放上玻璃板、金属板、木板等非磁性物质,都不妨碍电流对磁针的偏转作用。

奥斯特通过一系列的实验得出了惊人的结论,他的发现震动了欧洲学术界,人们长期以来所信奉的电和磁没有内在联系的信条崩溃了,一个崭新的研究领域立即激发了科学界杰出人物的探索热情。正如法拉第所说,这个发现"猛然打开了科学中一个黑暗领域的大门"。当时所有主要的科学杂志上都可以找到关于奥斯特这一发现的消息。

日内瓦

1820年8月，法国科学院院士、著名科学家阿拉果在瑞士听到了奥斯特发现电流磁效应的消息后，开始时他还有些怀疑，但在看到一次实际表演之后，他立即敏锐地感到这一成果的重要性。从日内瓦赶回巴黎之后，9月4日，阿拉果在法国科学院的会议上报告了奥斯特的这个最新发现，但科学院的许多成员怀疑他的报告。直到9月11日，当他实地演示了这一效应后，科学院的院士们才确信这一现象。安培当时在场观看了演示，对此他非常感兴趣，并立刻着手进行了一系列的实验，取得了很多重要的成果。

里昂

安培是一位涉猎范围很广的科学家，他最初的科学研究工作是在数学和化学领域。1802年，安培发表了他的首篇论文，内容是有关赌博的数学理论。在这篇论文中，安培证明了如果一个赌徒的本钱有限，而面对一个有无数钱财的对手或者面对本钱有限的许多个对手，那么他必定在有限的时间内输光。这篇论文为安培赢得了成为里昂拿破仑大学预科学校教授所必需的声誉。此后，安培转向理论力学研究，并发表了多篇力学论文。安培的数学研究最主要的成就是关于偏微分方程的论文，1814年，这一成就使他被选为法国科学院院士。到1819年安培44岁时，他在物理学研究方面还没有取得重要的成就，奥斯特的发现将安培吸引到电磁学领域，并很快取得了重要的研究成果。由于安培在电学上的成就，人们把"安培"的名字定为电流强度的单位。

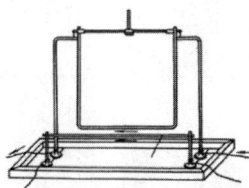 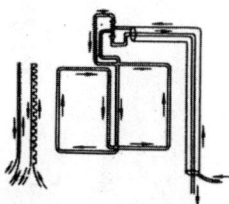 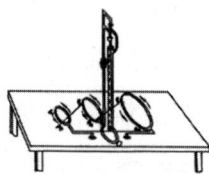

实验一　　　　　　　实验二　　　　　　　实验三

**安培测量电流的磁效应实验**

1820年9月11日，当安培得知奥斯特的发现之后，新的科学领域的发现让他兴奋异常，他回到家后立刻便对奥斯特电流磁效应进行了研究。在进行了一个实验之后，他意识到奥斯特没有充分理解这个实验，即他没有考虑地球磁场的影响、磁针的偏转角度的大小与通电导线和地球磁场的夹角有关。安培立即着手实验，他设计了一个由若干自由转动的磁铁组成的装置，以抵消小范围的地球磁场。他非常满意地发现，该装置中的磁针始终与载流导线垂直。一周后的 9 月 18 日，安培就在法国科学院的会议上报告了他的第一篇论文。安培指出奥斯特的实验并没有完成，他发现，磁针受到电流的作用时，N 极转动的方向是电流的右手螺旋方向，这个规律后来就被称为右手定则或安培定则。安培还提到，载流螺线管的磁性将会像磁棒那样。这时安培的思维已经跳跃到他以后一直坚持的一个假设上，磁场现象只不过是做环形运动的电流。

9 月 18—25 日这一周，安培发展完善了他的假设。他首先假设磁现象可用环电流来解释，然后就检验基于这个假设所做出的推论，也就是要证明环电流能产生与磁铁相

**铜导线**

同的磁效应。他最初试图用弯成螺旋的铜导线来证明这一

效应,接着又将铜线绕成盘圈,进行实验。9 月 25 日的科学院会议上,安培报告了环形电流相互作用的发现,向同事们演示了这些通电导线的吸引和排斥效应。以后,安培在实验中发现了通电的长直导线之间的相互作用,这是对奥斯特实验的重要发展。安培试图建立一个对所观察到的磁力作用普遍适用的数学方程式,就像牛顿万有引力定律那样的普遍公式。这就需要找出给定距离及连线上给定相对位置的无限小载流线元之间的相互作用,如果找到了这个关系式,那么就可以推导出所有电磁现象的定量结果。经过 4 个月的努力,安培得到了这个关系,提出了著名的安培定律。这是安培电学研究的一项重要发现,为安培赢得了很高的荣誉,麦克斯韦称安培是"电学中的牛顿"。

电与磁的研究让安培得到了荣誉,从此他更加坚定地认为,电与磁的关系比原来想象的要密切得多,即磁并不是与电分开的孤立现象,而是电的多种特性的一个方面。实验中,安培还发现绕成螺旋的导线的磁效应完全像永久磁铁。实验结果支持了安培的环电流假说,但是又产生了新的问题:永久磁铁中的电流在什么地方?实际上只有两种可能性:或者电流沿着整个磁铁的轴做环形运动,或者电流沿着组成磁铁的每个微粒做小得多的环形运动。安培假设电流是沿着磁铁的各个分子流动的,在 1821 年 1 月提出了著名的分子电流假设,他认为物体内部每个分子的元电流形成一个小磁体,以此作为物体宏观磁性形成的内在根据。所谓磁化一个磁体,就是利用外界的作用促使所有的分子小磁体趋向于沿同一方向排列,这就是安培关于磁的本性的分子电流假说。

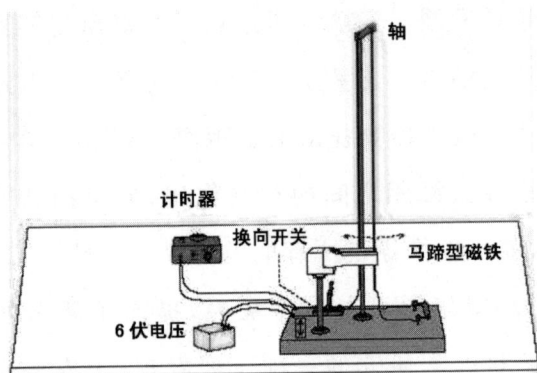

安培力制造示意图

分子电流假说需要用实验加以证明,安培1821年的实验就是为了这个目的设计的。实验装置的设计受到阿拉果的一个磁化实验的启发,事情是这样的:阿拉果曾经把铜线绕成螺旋状,在线圈的中心悬挂一根铁针,当他把螺旋形的导线连接到电池上时,产生的环形电流磁化了线圈内的铁针。因此,如果安培的理论是正确的,那么螺旋导线里的环形电流就会使铁针里产生环形电流。但是,电流是沿着铁针的轴向运动还是沿着铁针的单个分子运动呢?安培决定找出问题的答案。

安培把一块薄铜片弯成环形,取代阿拉果所用的铁针

悬挂在线圈内,这就是文章开始介绍的 1821 年的实验装置。安培推想,如果螺旋导线中的环形电流使阿拉果的铁

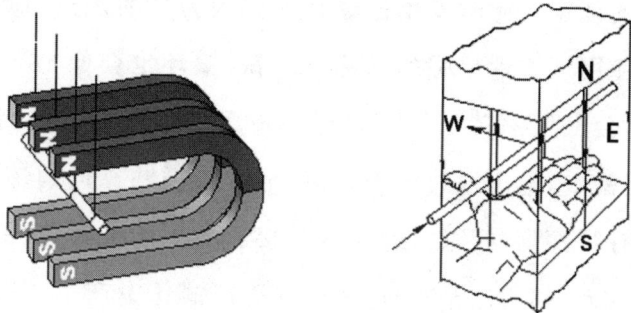

**安培力磁感应强度示意图**

针中产生了沿轴向的电流,那么类似的电流将会产生沿薄铜片流动的环形电流,使薄铜片的性质暂时像磁铁。为了检验这种电流,他在线圈上有电流流过的时候将一根磁棒靠近铜环。实验结果正如安培所预料的那样,铜环没有发生偏转。安培公布了这一实验结果,把它作为分子电流假说的有利证据。

1821 年,安培的分子电流假说受到了大家的怀疑,为了让自己的理论得到人们的认可,安培进行了深入的思考,

**安培**

到 1822 年,安培已经对自己的分子电流假说坚信不疑,他重做铜环和线圈实验,是为了给他的分子电流假说提供更有力的证据。此时安培已经有了先入为主的观点,他认为,即使使用了磁性更强的马蹄形磁铁,铜环也会像 1821 年一样,不会发生偏转。他将磁棒换成了磁性更强的马蹄形磁铁,实验中,电流通过线圈之前,他就将磁铁靠近铜环,此时他没有观察到铜环的偏转,这时接通线圈的电源,线圈中的电流从无到有,这个变化的电流就在铜环中产生了瞬时的感生电流,铜环与磁铁发生相互作用,因此,铜环发生短时间的偏转,然后回到最初的位置。这个现象是安培意料之外的。事实上,安培已在无意中发现了电磁感应产生电流现象。当时,安培只想用分子电流来解释实验现象,他不想去确定电流的方向,他忽视了铜环这一短时间的偏转。他在实验报告中所强调的是,铜环位置在实验中长时间不偏转。他没有去研究发生铜环偏转的条件,也就没有能够认识到感生电流的瞬时性,因此,他错过了真正发现电磁感应的机遇。

科学史家认为,安培未能发现电磁感应的原因是安培把他的分子电流理论看得极为重要,他完全被自己的理论囚禁起来了,无论在 1822 年的实验中观察到什么现象,他都会把它解释为分子电流。从当时电学研究的历史情况看, 安培对稳恒电流之间的相互作用做了最深入的研究,从稳恒电流之间的作用可研究变化电流之间的相互作用，从而引向电磁感应的发现，但理论的局限使安培失去了在这一领域的领先地位，法国的电学研究热潮也很快降温。电磁学的研究热潮转向英国，经过法拉第、汤姆生和麦克斯韦等人的工作建立了电磁场理论。

**英国风光**

在安培之后，英国科学家法拉第努力探索电与磁的联系，寻找让磁生电的途径，他虽然经历了多次失败，但始终不放弃自己的追求，经过 10 年的探索终于在 1831 年发现了电磁感应。但是，法拉第发现的突破口并不是磁铁对线圈的作用，而是两个线圈之间的感应。对比安培和法拉第的研究工作,我们会发现,他们提出的科学研究问题不同,研究的目的不同,同样的实验现象对他们具有不同的意义,用磁产生电流正是法拉第寻找的现象和追求的目标。

安培的电磁学研究取得了丰富的成果,他对科学新发现十分敏感,并且具有高超的数学才能、深刻的物理思想,他敢于大胆提出科学假设并努力发展完善,这些都是他成功的原因。但是,他又被自己的科学假说所限制,由于先入为主的观念,影响了科学发现的取得,安培的失误再一次告诉后来人,如果错误地将新现象纳入已有的旧理论,就不能意识到新现象的重大价值,错过科学发现的机遇。对实验的解释恰恰是理论的功能,科学中包含着理论和实验的相互关系,从这一点来说,实验中是渗透着理论的,理论会影响实验的发现。突破已有观念的束缚,对于科学创造是十分重要的。

造成安培的失败原因还有一个,即 19 世纪前半叶,在电磁现象的研究中法国学者普遍信奉超距作用,忽视带电物体周围空间的变化,忽视电磁作用的传播过程,这也是导致法国电磁学研究走向低潮、失去领先地位的原因之一。法国当时的一批具有很高数学水平、良好研究基础的学者,脱离了达到电磁学理论发展的主流和前沿,确实是十分遗憾的。

名句箴言

知识是引导人生到光明与真实境界的灯烛，黑暗是达到光明与真实境界的障碍，也就是人生发展的障碍。

——李大钊

## 科学王子法拉第

那是 1812 年的冬季，正当拿破仑的军队在俄罗斯平原上遭到溃败的时候，一位 21 岁的青年人来到了伦敦皇家学院要求和著名的院长戴维见面谈话。他带来了一本簿子作为自荐书，里面是他听戴维讲演时记下的笔记。这本簿子装订得整齐美观，这位青年给戴维留下了很好的印象。戴维正好缺少一位助手,于是他便雇用了这位申请者作为自己的助手,这位年轻的助手后来成为历史上最伟大的物理学家之一,他就是法拉第。

1791 年 9 月 22 日,法拉第出生在英国的一个小村庄里。他的家庭是一个手工工人家庭,家里人都没有什么文化,而且颇为贫穷,他的父亲是一个铁匠。法拉第小时候受到的学校教育是很差的,13 岁时,由于家庭

历史上最伟大的历史学家之——法拉第

贫寒,他来到一家装订和出售书籍兼营文具生意的铺子里当了学徒。在那里,他除了装订书籍外还经常阅读书籍,他的老板对他的这种行为非常赞同,有一位顾客还送给了他一些听戴维讲演的听讲证。

法拉第认真地听戴维讲演,并细心地做下了笔记。当上了戴维的助手后,法拉第清楚地认识到他的职业必然是有力量的,不久他就成为皇家学院的一员。1813年戴维夫妇决定去欧洲大陆游历,他们带着法拉第作为秘书。这次旅游进行了18个月,这次为期18个月的旅行对法拉第的教育起了重大作用。在旅途中,他见到了许多著名的科学家,像安培、伏打、阿拉戈和盖·吕萨克等,其中几位

**戴维**

学者立即发现了这位陪伴戴维的朴实年轻人的才华。他成了德拉里夫和他儿子阿瑟·奥古斯特的终生朋友,他们是日内瓦一个家族的著名物理学家,这个家族无论在才智方面,还是在政治方面,都在日内瓦的社会生活中有杰出的地位,而且远远超出日内瓦的范围。

**盖·吕萨克**

戴维的这次旅程从法国开始,延展到意大利、瑞士、德国和比利时。法拉第勤于写信,他从少年时期起就结交了不

少朋友,他和他们一直通信。在巴黎时戴维与盖－吕萨克合作研究一种新物质,他认为这种新物质是新元素碘。这一戏剧性事件和其他事件,在法拉第的信中都有生动的描述。

法拉第特别执着,他属于叫作桑德曼教的一个小教派,并具有虔诚的宗教思想。桑德曼教具有原教旨主义的性质,他终生信奉它,并担任过教会长老多年。宗教是法拉第生活中的一个重要部分,他的一些最亲密的朋友也来自同一教派。

法拉第的科学活动是惊人的。他从欧洲大陆旅游回来后,几年内都致力于化学分析,并在皇家学院担任助手工作,其中包括对戴维的重要协助。他在1816年发表的第一篇论文是论述托斯卡纳生石灰的性质的。许多年后,法拉第把这篇文章汇入

法拉第在实验室里

他的文集时指出，"戴维爵士给了我做这个分析的机会，这是我在化学上的第一次尝试，那时我的恐惧大于我的信心，而这两者又大于我的知识，那时我根本未想到会写出一篇有创见的科学论文。"

1860 年前后，法拉第的研究活动结束时，他的实验笔记已达到 16000 多条，他仔细地依次编号，分订成许多卷，在这里法拉第快乐地显示了他过去当装订工时学会的高超技能。这些笔记以及其他在装订成书以前或以后的几百条笔记，都已编成书分卷出版，其中最著名的是他的《电学实验研究》。这位伟大的"自然哲学家"所研究的课题广泛多样，按编年顺序排列，有如下各方面：铁合金研究；氯和碳的化合物；电磁转动；气体液化；光学玻璃；苯的发明；电磁感应现象；不同来源的电的同一性；电化学分解；静电学和电介质；气体放电；光、电和磁；抗磁性；射线振动思想；重力和电；时间和磁性。要对他的庞

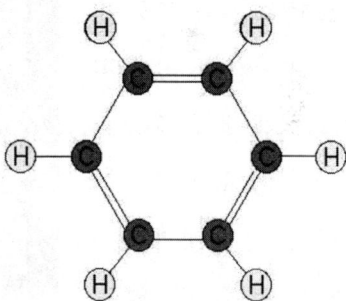

苯分子示意图

大研究成果做全面分析，不是一个普通人所做得了的，而且需要有非常大的篇幅才行。

在 1830 年以前，法拉第主要是一位化学家，他的研究

领域主要在化学领域。他曾在1821年第一次着手研究电和磁,可能由此而种下了种子,10年以后他有了伟大的发现。法拉第的第一个科学活动时期终止于1830年,那时他已成为很有成就的专业分析化学和实际顾问,而且更重要的是,由于他的坚实的科学成就,已赢得了国际声誉。在那个期间,法拉第发现了苯,在他发现苯时,并没有认识到苯在以后时代的重要性,当然也不了解它的奇异的分子结构。这些发明和发现表明,如果法拉第没有其他贡献,他也将被认为是杰出的化学家。

事实上,在19世纪20年代,法拉第已经成功地液化了好几种气体。他最初所用的仪器非常简陋,只是一个弯成倒"V"字形的结实的玻璃管。他在玻璃管一端放入产生气体的物质,把

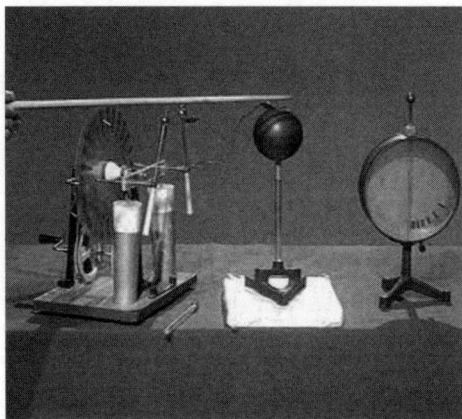

**法拉第圆筒实验**

另一端浸在制冷混合液体中。这时放出的气体使管内的压力增加。他就是采用这种简单的技巧,液化了氯、二氧化硫、硫化氢、二氧化碳、一氧化二氮、氨、氯化氢以及其他物质。

　　1818 年起，法拉第开始和一位外科医生、皇家学会会员斯托达特合作，他们试图制造出一种改良钢，它的防锈能力要比英国当时所用的钢产品更强，能用来制造更锋利的刀片。当时的冶金技术仍然偏重经验技术，印度生产的一种"乌兹钢"是当时最优质的刀片钢。法拉第和斯托达特在铁内掺入其他金属，例如铂、银、钯、铬等，制成了各种合金钢，但斯托达特在 1823 年去世，法拉第转到其他工作去了。他们当时是可能发现现代冶金学的一些重要结果的，但最终没有取得什么重要的成果。他们所制刀片的一些样品至今仍保存着，其中有一些质量很高。

　　以上的这些叙述都证明了法拉第具有卓越的化学才能和工艺才能。他把他的丰富经验总结为一本 600 多页的巨著，书名为《化学操作》，这本书于 1827 年出版，这是

圣诞节

法拉第除了电学研究和其他研究论文集外所写的唯一的一本书。就是在今天仔细阅读它，也会给人一种直接和新颖的非凡印象。

75

法拉第的工作地点一直是皇家学院,他与皇家学院有着密不可分的联系。他和夫人萨拉住在那里,直到1858年维多利亚女王赐给他们一座皇家住宅。在有了新的住宅后,法拉第仍然保留着皇家学院的房子,因为那里有完全符合他要求的实验室。

在戴维的推荐下,法拉第曾一度任皇家学院实验室的主任。任实验室主任期间,法拉第创办了一个定期的"星期五晚讲座",这个讲座至今仍延续下来。法拉第花费了许多精力来提高他的讲演艺术,并且为此而名声卓著。他对讲演提出了各种建议和准则,完善到包括一切细节,这些建议和准则一直传给了皇家学院现在的讲演人。他讲演的高超技巧的一个实际结果是:尽管皇家学院的听讲费颇为昂贵,但只要是法拉第讲演,讲演大厅里就会挤得水泄不通,而其他人的讲演平均只有 2/3 的听众。除了星期五晚讲座外,法拉第还为儿童设立了专门的通俗讲演,在圣诞节期间举行。他的圣诞节讲座的主题之一是《蜡烛的化学史》,100 多年以来,《蜡烛的化学史》曾经鼓舞了无数青年人,使他们从中获得快乐,这本书已被译成了许多种文字,至今仍在印刷发行。

1824 年,法拉第被选为皇家学会会员,他当时只有 33 岁。法拉第在皇家学院的年薪是 100 英镑,但 1833 年他被任命为该院的化学正教授,薪金增加了一倍。他的收入是丰厚的,而且如果他爱钱的话,他甚至可以成为一个富翁。

1835 年,当时的首相梅尔本从王室年俸中拨给他一笔 300 英镑的养老金,但梅尔本在做这件事时使用了一些不恰当的语言,使法拉第的自尊心受到了伤害,法拉第在一封尖锐的信中拒绝了养老金。这位首相不得不向他表示歉意,以便劝他接受这笔养老金。

法拉第

事情原委在报纸上公布后,立即引起了广大公众的兴趣。

法拉第很少兼职,因为他认为那些工作会耽误他很多时间,并且对他的研究毫无帮助。因而人们得到了一个关于他的印象,只有实验研究才是他真正的兴趣所在。他不参加任何社会活动,拒绝了许多授给他的荣誉,包括 1857 年要选他为皇家学会会长。他不同意皇家学会当权派的意见,他希望被选举人只限于科学界人士,而不要选只是业余科学爱好者的贵族会员或其他重要人物。1835 年,他不再参加皇家学会会议,虽然他仍把科学论文送给学会。

可以毫不夸张地说,法拉第是一位卓越的老师,但他在科学上没有直接的学生和合作者。他的工作方法和他思考物理问题的方法妨碍了他建立自己的学派。形式数学知识的缺乏,加上他的丰富和敏捷的想象力,使他难于和别人进行学术交往,只有麦克斯韦能够真正地探测出他的思想。法拉第自己说:"我从来没有学生帮助我,我总是自己动手准备实验和做实验,一边工作,一边思考。我认为我不能和别人一起工作,或者把所想的想出来,或者及时地解释我的思想。有时我和我的助手一起在实验室里工作好几小时或好几天,他准备讲演用的仪器或者做清洗工作,我们之间几乎不说一句话。"

实验仪器

法拉第在年轻的时候就常常抱怨头痛,特别是记忆力好像总是在一点点地流逝。这些症状是由于工作过度而引起的,休息之后得到暂时的恢复。1839—1844 年,法拉第发生了一次最严重的精神衰竭症,他被迫长时期休假。在这个时期,当他在瑞士疗养时,他写的日记中反映了他对自然界、植物和动物的爱好;他保存的植物标本堆积如山,而且整理得有条不紊。他说 45 英里的步行对他是一件平常的事,这证明了他的体质并不太坏。虽然他只在开始发病时停止工作,但他活动能力的减退差不多持续了 5 年,直到 1845 年秋才完全恢复。

1830—1839 年,法拉第取得了他人生的最大成就,当时他是对现代电学发现做出贡献的第一流科学家。1821 年他研究了奥斯特发现的电流的磁作用,做出了一项重大发现:磁作用的方向与产生磁作用的电流的方向垂直。法拉第还制成了一种电动机,证明了导线在恒定磁场内的转动,他甚至还证明了在地磁场内的这种转动,这个实验给他本人和他的同时代人都留下了深刻的印象。

法拉第始终认为,电与磁的关系必须被推广,如果电流能产生磁场,磁场也一定能产生电流,法拉第为了这个课题冥思苦想了整整 10 年。在这 10 年中,他做的许多次实验都以失败告终。直到 1831 年年底,他才取得了巨大的突破——他发明了一种电磁电流发生器,这就是最原始的发电机。这时的法拉第不仅做出了跨时代的贡献,而且奠定了未来电力工业的基础。曾有一个政治家问法拉第:"你的发明到底有什么用处?"他回答说:"我现在还不知道,但有一天你将从它们身上去抽税。"

除了电与磁的关系这一发现之外,抗磁性是法拉第的另一大发现。许多物质在做成细针时会使自己的方向垂直于磁力线,而且会被磁铁的两极推开,这种行为是由很弱的力产生的,这种很弱的力要比作用在磁场中铁上的力弱得多。这是很值得仔细研究的一种现象,为此法拉第花费了好几个月的时间来研究它。

1846年,法拉第在皇家学院代替惠斯通做了一次报告。当时原定报告惠斯通的一些研究工作,但一到了最后时刻,惠斯通突然惊慌失措,跑出了会场。法拉第代替惠斯通做了一个即席讲演,但是他的报告还不到预定的时间,因而不得不当场补充一些材料。他谈到了一直在他脑海里酝酿着的一些想法,并且谈得十分小心谨慎,但是话既然说出来了,他就写成了一篇短文,题目是《对射线振动的一些想法》。

《对射线振动的一些想法》写得并不十分清楚,不过它却包含了一些令人惊异的新的基本观点。当然由于有很多地方还没有详细的表述,这篇文章充其量只能称为光的电磁理论的一个明确预兆。18年后,麦克斯韦建立了光的电磁理论。麦克斯韦后来说:

爱因斯坦

"法拉第教授在他的《对射线振动的一些想法》一文中明确地提出了横向磁扰动的传播是正常的磁扰动。他提出的光的电磁理论实质上和我在这篇文章中开始提出的是相同的,不同的只是在1846年还没有实验数据可以用来计算传播速度。"

到了19世纪50年代,法拉第的科学活动能力有所减弱,他又为记忆力的日益衰退而苦恼。他虽然仍能做些实验,但速度已不如前。他力图找出重力和电之间的相互作用,结果没有找到,但这个探索从法拉第到爱因斯坦,一直到现在,仍在继续进行。在这个发现的低潮时期,法拉第仍力图帮助公众。他致力于解决已经在困扰着伦敦的各种问题,例如保存绘画,使其不受空气污染的损害。

1862年,法拉第做了最后一次实验,他试图发现磁场对放在磁场内的光源发出的光线的影响,但他没有找到这种影响,因为他用的仪器还不够灵敏,不能探测到这种微细的效应。30年后,当时还是青年的塞曼从阅读法拉第的实验计划受到启发,他用更精密的仪器重新做实验时发现了塞

塞曼

曼效应,它是新原子物理学的先兆之一。

**塞曼效应仪**

在生命的最后几年,法拉第由于记忆力日益丧失,已经逐渐失去了推动工作的能力。1860 年他发表了最后一次圣诞节讲演,1864 年他辞去了皇家学院教授职务。他的健康状况显然已处在危险之中,因此他辞去了所有其他职务,包括 1864 年辞去桑德曼教会的长老职务。他于 1867 年去世,终年 76 岁。

法拉第的一生是辉煌的,他是公认的最伟大的"自然哲学家"之一。每个时代都需要有一些具有特殊才智的人,法拉第的伟大成功也许部分原因正是由于他所生活的时代。他的非凡才智是什么呢?丰富的想象力加上足智多谋的实验才能,工作热情和相应的耐性使他能够迅速地分辨真假与真正发现应有的批判精神和统观一切的广阔视野。他还具有一些健全的哲学思想,他深刻的几何学和空间上的洞察力以及善于持久思考的能力正好补偿了他数学上的不足。在他留下来的笔记中,有下面一段话:

"我一直冥思苦索什么是使哲学家获得成功的条件。是勤奋和坚韧精神加上良好的感觉能力和机智吗?难道适度的自信和认真精神不是必要的条件吗?许多人的失败难道不是因为他们所向往的是猎取名望,而不是纯真地追求知识以及因获得知识而使心灵得到满足的快乐吗?我相信,我已见到过许多人,他们是矢志献身于科学的高尚的成功的人,他们为自己获得了很高名望,但是还有一种人,在他们心灵上总是存在着妒忌或后悔的阴影,我不能设想一个人有了这种感情还能够做出科学发现。至于天才及其威力,可能是存在的,我也相信是存在的,但是,我长期以来为我们实验室寻找天才却从未找到过。不过我看到了许多人,如果他们真能严格要求自己,我想他们已成为有成就的实验哲学家了。"

开尔文勋爵可以说对法拉第是相当了解,他在纪念法拉第的文章中说:"他的敏捷和活跃的品质,难以用言语形容。他的天才光辉四射,使他的出现呈现出智慧之光,他的神态有一种独特之美,这有幸在他家里——皇家学院见过他的任何人都会感觉到的,从思想最深刻的哲学家到最质朴的儿童。"

特别是从开尔文勋爵写给他夫人的一封信中,我们可以看出他对法拉第的性格有着多么深刻的认识:"我有幸会见了英国和欧洲的第一流物理学家法拉第……这对我是一个非常幸福和高兴的时刻。他淳朴、温和、谦恭,有如小孩。我尚未遇见

开尔文

过这样可爱的人。而且,他待人也是最亲切的,他亲自向我展示了一切。但是这不算什么,因为只要有一些木头、一些导线和一些铁片,就足以使他做出最伟大的发现。"

*Follow Me!*

**跟我来！**

电与我们的生活密切相关，没有了电，我们的生活将陷入一片黑暗。"电"一词在西方是从希腊文琥珀转译而来的，在中国则是从雷闪现象中引出来的。自从18世纪中叶以来，科学家们对电的研究逐渐蓬勃开展，它的每项重大发现都引起广泛的实用研究，从而促进科学技术的飞速发展。

现在，人类生活、科学技术活动以及物质生产活动都已离不开电。随着科学技术的发展，某些带有专门知识的研究内容逐渐独立，并形成专门的学科，如电子学、电工学等。电学又可称为电磁学，是物理学中颇具重要意义的基础学科。

电的最早记载可追溯

电灯

到公元前 6 世纪,早在公元前 585 年,希腊哲学家泰勒斯已记载了用木块摩擦过的琥珀能够吸引碎草等轻小物体,后来又有人发现摩擦过的煤玉也具有吸引轻小物体的能力。在以后的 2000 年中,这些现象被看成与磁石吸铁一样,属于物质具有的性质,此外没有什么其他重大的发现。

电在中国也产生很早,西汉末年已有"瑇瑁吸偌"的记载,这种吸取细小物体的磁力就是电。晋朝时更有了关于摩擦起电引起放电现象的记载:"今人梳头,解着衣时,有随梳解结有光者,亦有咤声。"

1600 年,英国物理学家吉伯发现,不仅琥珀和煤玉摩擦后能吸引轻小物体,相当多的物质经摩擦后也都具有吸引轻小物体的性质,他注意到这些物质经摩擦后并不具备磁石那种指南北的性

**磁石**

质。为了表明与磁性的不同,他采用琥珀的希腊字母拼音把这种性质称为"电的"。吉伯在实验过程中制作了第一只验电器,这是一根中心固定可转动的金属细棒,当与摩擦过的琥珀靠近时,金属细棒可转动指向琥珀。

过了 60 年，马德堡的盖利克发明了第一台摩擦起电机。他用硫黄制成形如地球仪的可转动球体，用干燥的手掌摩擦转动球体，使之获得电。盖利克的摩擦起电机经过不断改进，在静电实验研究中起着重要的作用，直到 19 世纪霍耳茨和推普勒分别发明感应起电机后才被取代。

18 世纪是电学的大发展时期。1729 年，英国的格雷在研究琥珀的电效应是否可传递给其他物体时发现了导体和绝缘体的区别：金属可导电，丝绸不导电。并且他第一次使人体带电。格雷的实验引起法国迪费的注意。1733 年迪费发现绝缘起来的金

**丝绸**

属也可摩擦起电，因此他得出所有物体都可摩擦起电的

结论。他把玻璃上产生的电叫作"玻璃的",琥珀上产生的电与树脂产生的相同,叫作"树脂的"。他得到:带相同电的物体互相排斥,带不同电的物体彼此吸引。

荷兰

1745 年,荷兰莱顿的穆申布鲁克发明了能保存电的莱顿瓶。莱顿瓶的发明为电的进一步研究提供了条件,它对于电知识的传播起到了重要的作用。与穆申布鲁克同时期的富兰克林也做了许多有意义的工作,他使得人们对电的认识更加丰富。1747 年,富兰克林根据实验提出:在正常条件下电是以一定的量存在于所有物质中的一种元素;电跟流体一样,摩擦的作用可以使它从一物体转移到另一物体,但不能创造;任何孤立物体的电总量是不变的,这就是通常所说的电荷守恒定律。他把摩擦时物体获得的电的多余部分叫作带正电,物体失去电而不足的部分叫作带负电。

**雷电**

事实上,这种关于电的一元流体理论在今天看来并不正确,但富兰克林所使用的正电和负电的术语至今仍被采用,他还观察到导体的尖端更易于放电等。早在1749 年,他就注意到雷闪与放电有许多相同之处,1752年他通过在雷雨天气将风筝放入云层来进行雷击实验,证明了雷闪就是放电现象。在这个实验中最幸运的是富兰克林居然没有被电死,因为这是一个危险的实验,后来有人重复这种实验时遭电击身亡。富兰克林还建议用避雷针来防护建筑物免遭雷击,1745 年这一设想首先由狄维斯实现,这大概是电的第一个实际应用。

18 世纪后期,电荷相互作用的定量研究开始得到推广。1776 年,普里斯特利发现带电金属容器内表面没有电荷,猜测电力与万有引力有相似的规律。1769 年,鲁宾逊通过作用在一个小球上电力和重力平衡的实验,第

**卡文迪许**

一次直接测定了两个电荷相互作用力与距离的二次方成反比。1773 年,卡文迪许推算出电力与距离的二次方成反比,他的这一实验是近代精确验证电力定律的雏形。

1785 年,库仑设计了精巧的扭秤实验,直接测定了两个静止点电荷的相互作用力与它们之间的距离的二

次方成反比，与它们的电量乘积成正比。库仑的实验得到了世界的公认，从此电学的研究开始进入科学行列。1811 年，泊松把早先力学中拉普拉斯在万有引力定律基础上发展起来的势论用于静电，发展了静电学的解析理论。

18 世纪后期，电学的另一个重要发展是意大利物理学家伏打发明了电池，在这之前，电学实验只能用摩擦起电机的莱顿瓶进行，而它们只能提供短暂的电流。1780 年，意大利的解剖学家伽伐尼偶然观察到与金属相接触的蛙腿发生抽动。他进一步的实验发现，若用两种金属分别接触蛙腿的筋腱和肌肉，则当两种金属相碰时，蛙腿也会发生抽动。

1792 年，伏打对蛙腿抽动的情况进行了仔细研究之后，认为蛙腿的抽动是一种对电流的灵敏反应。电流是两种不同金属插在一定的溶液内并构成回路时产生的，而肌肉提供了这种溶液。基于这一思想，1799 年，他制造了第一个能产生持续电流的化学电池，其装置为一系列按同样顺序叠起来的银片、锌片和用盐水浸泡过的硬纸板组成的柱体，叫作伏打电堆。

伏打电堆的产生是一个转折点，从此以后，各种化学电源蓬勃发展起来。1822 年塞贝克进一步发现，将铜线和一根别种金属线连成回路，并维持两个接头的不同温度，也可获得微弱而持续的电流，这就是热电效应。

随着化学电源的发明，人们很快发现利用它可以做出许多不寻常的事情。1800年，卡莱尔和尼科尔森用低压电流分解水，后来里特成功地从水的电解中搜集了两种气体，并从硫酸铜溶液中电解出金属铜。1807年，戴维利用庞大的电池组先后电解得到钾、钠、钙、镁等金属。1811年，戴维用2000个电池组成的电池组制成了碳极电弧，从19世纪50年代起它成为灯塔、剧院等场所使用的强烈光电源，直到19世纪70年代这种碳极电弧才逐渐被爱迪生发明的白炽灯所代替。此外伏打电池也促进了电镀的发展，电镀是1839年由西门子等人发明的。

虽然在1750年，富兰克林观察到莱顿瓶放电可使钢针磁化，甚至在更早的1640年，有人观察到闪电使罗盘的磁针旋转，但到19世纪初，科学

罗盘

界仍普遍认为电和磁是两种独立的作用。与这种传统观念相反,丹麦的自然哲学家奥斯特接受了德国哲学家康德和谢林关于自然力统一的哲学思想,坚信电与磁之间有着某种联系。经过多年的研究,他终于在 1820 年发现了电流的磁效应:当电流通过导线时,引起导线近旁的磁针偏转。电流磁效应的发现开拓了电学研究的新纪元。

奥斯特的发现最先受到法国物理学家的关注,同年电流的磁效应还取得了一些成果,如安培关于载流螺线管与磁铁等效性的实验、阿喇戈关于钢和铁在电流作用下的磁化现象、毕奥和萨伐尔关于长直载流导线对磁极作用力的实验、此外安培还进一步做了一系列电流相互作用的精巧实验。由这些实验分析得到的电流元之间相互作用力的规律是认识电流产生磁场以及磁场对电流作用的基础。

科学家们对电流的磁效应的关注越来越多,并且取得了越来越多的成果,电流的实际应用打开了一扇大门。1825 年斯特金发明电磁铁,为电的广泛应用创造了条件。1833 年高斯和韦伯制造了第一台简陋的单线电报。1837 年惠斯通和莫尔斯分别独立发明了电报机,莫尔斯还发明了一套电码,利用他所制造的电报机可通过在移动的纸条上打点和划来传递信息。

斯蒂芬是一位物理学家、发明家和教师，从 1858 年起在匈牙利科学院工作。

在特尔纳瓦和布拉迪斯拉发读完中学后，斯蒂芬加入了本笃会修道会。他在教堂研究会里学习神学，同时在布达佩斯大学哲学院学习数学和物理，并获得了哲学博士学位。1821—1829 年，他在杰尔语法学院任物理教授。1829—1840 年，他在布拉迪斯拉发皇家科学院任物理教授。从 1863 年起被任命为布达佩斯大学校长。

斯蒂芬主要从事实验物理学，特别是电物理学的研究。1838 年研制了活动电磁发动机。1840 年他设计了后来成为电动机车的重要组建的磁针锥形。1859—1861 年，他设计了单机发电机的原型，这也是他最杰出的发明。在他其他的发明中还有一个新型的电容器、一个显像管闪电器和光学摩擦切割机。他还在物理学、光学和实验教学中完成了很多有价值的研究。

1855 年，汤姆生解决了水下电缆信号输送速度慢的问题。1866 年，按照汤姆生设计的大西洋电缆铺设成功。1854 年，法国电报家布尔瑟提出用电来传送声音的设想，但未变成现实。1861 年，赖斯的电报机实验成功，但未引起重视。1861 年，贝尔发明了电话，作为收话机，它仍用于现代,而其发话机则被爱迪生发明的碳发话机以及休士发明的传声器所改进。

电流磁效应发现不久,几种不同类型的检流计设计制成,为欧姆发现电路定律提供了条件。1826年,受到傅立叶关于固体中热传导理论的启发,欧姆认为电的传导和热的传导很相似,电源的作用好像热传导中的温差一样。为了确定电路定律,开始他用伏打电堆作为电源进行实验,由于当时的伏打电堆性能很不稳定,实验没有成功,后来他改用两个温度恒定的接触点做实验,得到电路中的电流强度与他所谓的电源的"验电力"成正比,比例系数为电路的电阻。由于当时的能量守恒定律尚未确立,验电力的概念是含混的,直到1848年基尔霍夫从能量的角度考查,才澄清了电位差、电动势、电场强度等概念,使得欧姆理论与静电学概念协调起来。在此基础上,基尔霍夫解决了分支电路问题。

英国物理学家法拉第为电物理学带来了一次变革,他主要从事电磁现象的实验研究,对电磁学的发展做出了极其重要的贡献,其中最重要的贡献是1831年发现电磁感应现象。紧接着他做了许多实验确定电磁感应的规律,他发现当闭合线圈中的磁通量发生变化时,线圈中就产生感应电动势,感应电动势的大小取决于磁通量随时间的变化率。后来,楞次于 1834 年给出感应电流方向的描述,而诺埃曼概括了他们的结果,给出感应电动势的数学公式。

以电磁感应为基础,法拉第制出了第一台发电机。此外,他把电现象和其他现象联系起来广泛进行研究,在 1833 年成功地证明了摩擦起电和伏打电堆产生的电相同,1834 年发现电解定律,1845 年发现磁光效应,并解释了物质的顺磁性和抗磁性,他还详细研究了极化现象和静电感应现象,并首次用实验证明了电荷守恒定律。

电磁感应的发现为能源的开发和广泛利用开创了崭新的前景。1866 年西门子发明了可供实用的自激发电机。19 世纪末实现了电能的远距离输送。电动机在生产和交通运输中得到广泛使用,从而极大地改变了工业生产的面貌。

法拉第对电磁感应进行了广泛的研究,这使他逐渐形成了其特有的"场"的观念。法拉第认为:力线是物质的,它弥漫在全部空间并把异号电荷和相异磁板分别联结起来;电力和磁力不是通过空虚空间的超距作用,而是通过电力线和磁力线来传递的,它们是认识电磁现象必不可少的组成部分,甚至它们比产生或"汇集"力线的

"源"更富有研究的价值。

法拉第取得的众多的实验研究成果和他的新颖的"场"的观念为电磁现象的统一理论准备了条件。诺埃曼、韦伯等物理学家对电磁现象的认识曾有过不少重要贡献,但他们从超距作用观点出发,概括库仑以来已有的全部电学知识,在建立统一理论方面并未取得成功。这一工作在19世纪60年代由卓越的英国物理学家完成。

麦克斯韦认为变化的磁场在其周围的空间激发涡旋电场,变化的电场引起媒质电位移的变化,电位移的变化与电流一样在周围的空间激发涡旋磁场。麦克斯韦明确地用数学公式把它们表示出来,从而得到了电磁场的普遍方程组——麦克斯韦方

赫兹

程组。法拉第的力线思想以及电磁作用传递的思想在方程组中得到了充分的体现。麦克斯韦根据自己的方程组得出电磁作用以波的形式传播,电磁波在真空中的传播速度等于电量的电磁单位与静电单位的比值,其值与光在真空中传播的速度相同,由此麦克斯韦预言光也是一种电磁波。

1888 年,赫兹根据电容器放电的振荡性质,设计制作了电磁波源和电磁波检测器,通过实验检测到电磁波,测定了电磁波的波速,并观察到电磁波与光波一样具有偏振性质,能够反射、折射和聚焦。从此麦克斯韦的理论逐渐为人们所接受。

赫兹的电磁波实验证实了麦克斯韦的电磁理论,从而开辟出了一个全新的领域——电磁波的应用和研究。1895 年,俄国的波波夫和意大利的马可尼分别实现了无线电信号的传送。后来马可尼将赫兹的振子改进为竖直的天线,德国的布劳恩进一步将发射器分为两个振

洛伦兹

藕线路,为扩大信号传递范围创造了条件。1901 年,马可尼第一次建立了横跨大西洋的无线电联系。电子管的发明及其在线路中的应用使得电磁波的发射和接收都成为易事,推动了无线电技术的发展,极大地改变了人类的生活。

1896 年,洛伦兹提出的电子论将麦克斯韦方程组应用到微观领域,并把物质的电磁性质归结为原子中电子的效应。这样不仅可以解释物质的极化、磁化、导电等现象以及物质对光的吸收、散射和色散现象,而且还成功地说明了关于光谱在磁场中分裂的正常塞曼效应。此外,洛伦兹还根据电子论导出了关于运动介质中的光速公式,把麦克斯韦理论向前推进了一步。

在法拉第、麦克斯韦和洛伦兹的理论体系中,假定有一种特殊媒质"以太"存在,它是电磁波的荷载者,只有在以太参照系中,真空中光速才严格地与方向无关,麦克斯韦方程组和洛伦兹力公式也只在以太参照系中才严格成立。这意味着电磁规律不符合相对性原理。

科学家们的研究为爱因斯坦在 1905 年建立狭义相对论准备了条件,它改变了原来的观点,认定狭义相对论是物理学的一个基本原理,它否定了以太参照系的存在并修改了惯性参照系之间的时空变换关系,使得麦克斯韦方程组和洛伦兹力公式有可能在所有惯性参照系中都成立。狭义相对论的建立不仅发展了电磁理论，并且对以后理论物理的发展具有巨大的作用。

电学基本内容

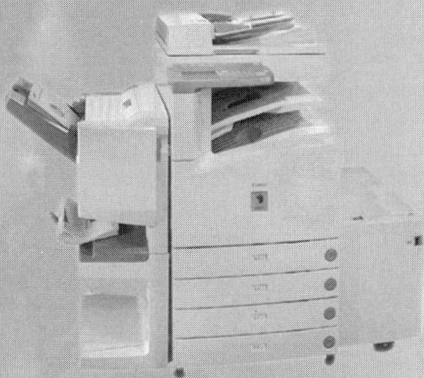

人缺少了血液，身体就要衰弱；人缺少了知识，头脑就要枯竭。

——高士其

## 名句箴言

静电学

## 静电古诗

曹植，字子建，曹操第三子，三国时期的著名诗人、文学家，他曾作过一首题为《待太子坐》的古诗，这首诗中描述了静电现象，诗是这样写的：

白日曜青春，

时雨静飞尘。

寒冰辟炎景，

凉风飘我身。

**雨后天晴**

这4句诗描写的是雨后天晴的情景。"曜"有照耀之意，"青春"是指可爱如春的青春大地；"时雨"就是及时而降的雨，"静"是使之静止、压住的意思；"辟炎景"是说驱除了炎热。诗的大意是：太阳发出白光，照耀着青春大地，及时的落雨压住了飞扬的飘尘，寒气驱走了炎热，凉风徐徐吹到我身上。

一般来说，飞尘指的是漂浮在空气中的灰尘，其颗粒直径约在 0.1—10 微米之间。由于气压、温度的不断变化,特别是空气中各种气体分子无规则运动的撞击,使这些灰尘颗粒能长期飘浮在空气中。一般来说,在农村,每升空气中约有 8 万粒灰尘,在大城市则可达 30 万粒,甚至多到 70 万粒。所以,城市的空气就显得很污浊。

空气清新的农村每升空气中约有 8 万粒灰尘

经过雨的清洗,飞尘顿消,洁净如练,空气格外清新。为什么落雨可以静飞尘呢?原来,下雨时大气中的放电现象将空气中各种气体分子进行了加工,有的分子失去电子成为带正电的离子,有的分子则得到电子成为带负电的离子。地球是一个带有大量负电的巨大的带电体,由于静电感应,它能够使每个下落的雨滴的底部带正电而顶部带上等量的负电。

对这样一个急速下落的雨滴来说，空中的正离子很难与它接近。这是因为，雨滴下部的正电荷要排斥正离子，而在雨滴上部，由于上升气流的影响又把

雨滴

正离子吹开。只有空中的负离子，才容易受到雨滴下部正电荷的吸引而粘到雨滴上。因此，下落的雨滴往往带上很多负电荷。大家知道，带电体具有吸引轻小物体的性质。这样，在雨滴下落过程中，通道附近的飞尘就被吸引到带电雨滴上，正像带电的橡胶棒吸引纸屑一样，于是飞尘随着雨滴最后落到地面上。假如你在刚下雨时把一个干净的脸盆放到院子里，过一会再去看，脸盆底就沉淀了一薄层沙土，它们是黏附在雨滴上，随雨滴一起落到盆中的，这就是古诗名句"时雨静飞尘"中所包含的科学道理。

# 琥珀拾芥

很早很早以前，地球上有一种亮晶晶的"小石头"，据说

它是老虎死后的精魂入地变成的,因此人们称它为"琥珀",又因为它晶亮透明,有着美丽的光泽,希腊的艺匠们就用它磨成各种珍贵的装饰品,因而又改叫"琥珀"。其实它是松树脂滴在地上,经过千万年演变成的化石,由碳、氢、氧等元素组成,属于一种非晶体的有机物,在我国,琥珀还是一种补心安神的名贵药材。

**琥珀晶亮透明,有着美丽的光泽**

人们在工作和生活中总是能发现这样一个奇怪的现象:琥珀制品总是吸引毛发、羽毛、碎稻草等轻小物体。由于当时科学不发达,找不出原因,所以人们还以为是"妖魔"在作怪。公元前585年,古代希腊有位哲学家和数学家叫泰利斯,他家中也有一块琥珀。有一天他在家休息,顺便拿出琥珀来欣赏,并且用他的长袍反复摩擦琥珀,使琥珀的光泽更加夺目。但是,当他把琥珀放回原处时,突然发觉,桌子上的一片羽毛自动地向琥珀靠近,最后竟粘在琥珀上了。泰利斯把羽毛拿开,一松手,结果羽毛照样被琥珀吸引过去。他又把羊毛和其他轻小东西放在琥珀附近做试验,结果这

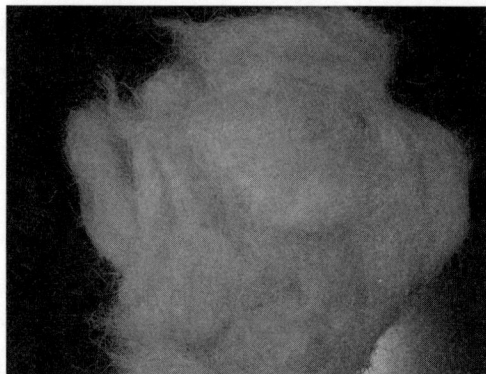

羊毛

些轻小物体都能被摩擦后的琥珀所吸引。泰利斯无法解释这一奇怪现象,但他认为这个现象很重要,于是做了详细记录,所以现在我们就知道琥珀拾芥的故事。

# 静电除尘

静电无时无刻不存在于我们的生活中,它有时候干扰我们的正常生活,但任何事物都有两重性,都能在一定的条件下向相反的方向转化,那么,给人们带来许多麻烦的静电能不能变害为利,为人类服务呢? 当然能,并且它还

在各方面大显身手。如静电除尘、静电分离、静电植绒、静电纺纱、静电喷漆、静电复印等等。下面请看一个静电除尘器的实验：

**静电复印机**

找一个带透明有机玻璃盖的广口瓶，紧贴瓶内壁放一个用干净的铁皮卷成的圆筒。瓶盖中心插进一根下端焊有金属球的铜丝，铁皮和铜丝分别接静电起电机的正极和负极。准备好以后，点燃一张纸，把瓶子倒扣在纸上，等里面充满灰蒙蒙的烟雾以后，盖好瓶盖，把瓶放正。开动起电机，瓶内的浓烟立刻急剧地翻腾起来，一会儿工夫，烟消了，雾散了，玻璃瓶内又变得清澈透明了。再看看铁皮筒上，却挂了薄薄一层脏东西，烟尘像俘虏一样被静电驱赶到铁皮上了。

这就是一个小型的静电除尘器。这个装置为什么有捕捉烟尘的本领呢？道理很简单，当起电机开动后，正负极之间就产生了很高的电压，因此铜丝和铁皮之间有很强的电场，而且距瓶中心的铜丝越近，电场越强。铜丝附近的空气中有少量的正负离子,它们在强电场的作用下将发生激烈运动并与其他的空气分子碰撞,使中性空气分子分离而产生大量的正负离子,正离子跑到接负极的铜丝上,得到电子,又变成空气分子,而负离子奔向接正极的铁筒的过程中,遇到烟尘,使烟尘带负电。所以烟尘被吸附到铁皮上,瓶内的空气就变得清洁透明了。

工厂使用的除尘器是把许多这样的圆筒并列起来,好像一块"蜂窝煤",每个圆筒中心都绷紧一根与圆筒绝缘的金属丝。若将除尘器安装在烟囱下部,含有烟尘的气体从这个"蜂窝"的一端进入,出去时就留下所带的烟尘,变成了清洁的气体。

工厂里使用的除尘器

# 警惕静电

我们在工作和生活中总是不经意地在进行摩擦,伴随摩擦产生的静电也就跟工作和生活有着密切的联系,刚才讲到了静电对工作和生活具有很大的益处,但遗憾的是在许多情况下,"静电"却是不受欢迎的"不速之客"。

气候干燥的季节里,如果穿上旅游鞋在干净的地板上行走后,再伸手抓金属门柄,常常会有一股不同寻常的"悸动"——一个小火花跳到手上,麻得你不自在;当你准备跟人握手时,手一接触,常常会给对方造成一次电击,令人不快,这都是静电的"恶作剧"。究其原因,原来是身体与空气及周围物体摩擦带了电,由于旅游鞋底绝缘性能好,人体带的电荷不能泄放入地,一旦接触导体,就会发生火花放电,造成"不愉快"的电击。

我们都知道,物体带电后会吸起轻小的纸屑、绒线,当然也能吸引更小的灰尘。日常用的塑料制品、穿的化纤衣物都是摩擦起电的好材料和静电电荷的良好栖息地。这

塑料制品

些物品在使用过程中总会因为发生摩擦而带电,使用不久之后,它们的表面就会吸附一层灰尘,鲜艳漂亮的用具、衣物也就黯然失色。

刚才讲的都是静电对生活造成的干扰，可是静电现象要是发生在生产中，后果就严重了。在化纤纺织工业中，用化纤丝如尼龙、腈纶、涤纶等织布时，由于化纤丝和金属部件发生摩擦而起电，带电的化纤丝相互排斥而松散，产生乱纱，给生产带来麻烦。橡皮胶是重要的工业原料，又是良好的绝缘体。在生产过程中，橡胶与金属摩擦、剥离及胶布撕裂时产生的静电电荷不易泄漏，积累过多就会发生电火花。由于橡胶制品在生产过程中有很多工序要用汽油和苯等易燃品，因此火花放电往往会引起火灾或爆炸。

印刷机

印刷车间里，纸张由于跟机器和油墨摩擦而带电，常常吸在铅板或印刷机的滚筒上，影响连续印刷。摄影用的胶片,在生产过程中产生的静电电荷常常发生放电现象,使胶片感光形成斑痕而报废。在煤矿矿井中,由于种种摩擦产生的静电电荷,一旦发生火花放电就会引起瓦斯爆炸,给人们的生命财产带来巨大的损失。在火药和炸药的制造、调和、移动及贮藏时,伴随摩擦、分离、混合等现象会产生大量静电电荷,若不采取必要的措施,就容易造成爆炸、着火等静电灾害。

受静电危害最大的是石油工业。石油产品和蒸汽是危险的易燃易爆品,微弱的火花放电也会引起含有汽油或煤油蒸汽的空气燃烧爆炸,而石油生产和储运过程中,几乎处处有静电:石油在管道中流动,在管壁上产生静电;石油从管口流出,冲击金属容器会产生静电;石油液滴飞溅,与空气摩擦会产生静电;石油通过过滤网会产生静电;石油在油罐车、油船中连续颠簸会产生静电;运油车行驶时,轮胎和路面摩擦,甚至向油罐中灌入不同规格的新油等等都会产生大量静电。若防电措施稍有疏忽,就有可能造成不可

运油车行驶时,轮胎和路面摩擦会产生大量静电

挽回的损失。

飞机在空中飞行时总要穿过云层,这时飞机与云中微小的冰或雪的晶体摩擦,从而使飞机带上大量的静电电荷,特别是飞机在雷雨天飞行时,雨滴溅落在飞机的表面也会使飞机带电。只要飞机上的静电放电电流超过 5 微安,无线电通信就要受到干扰,所以通常飞机上都装有静电放电器,以便中和静电电荷。汽车上的收音机在炎热干燥的季节里常因轮胎和路面摩擦产生静电干扰而无法接收。狂风卷起的沙砾往往携带大量的静电电荷,中断无线电通信,有时还会引起铁路、航空等自动信号系统的信号失误,造成严重事故。

可见,生产和生活中的静电一有时机就会兴风作浪,我们应该采取相应的措施制止静电的危害,这样生产和生活才能正常进行。

# 摩擦起电

在天气干燥的夜晚,当你脱毛衣时,由于毛衣与内衣、头发摩擦起电,会发生"噼噼啪啪"的响声,如果在黑暗处,还会看到小火花。这时如果你的手去接触金属的门把手,还会遭到一阵电击,感到手发麻。这个现象就表明,摩擦起电能产生相当高的电压。有人运用电学知识估算过,直径为 1 厘米的小球,在摩擦起电时竟能达到 45 万伏的电压!

所以有人要问了,这么高的电压,人不是要触电身亡吗?不必担心,它不会使人触电身亡。为什么呢?原来,摩擦起电产生的电压虽然很高,但是,电量却很少,放电时间也很短,因此,在脱毛

电子计算机

衣时,不会使人触电身亡。不过,在许多情况下,摩擦起电产生的放电火花却会造成很大的危害。例如,油罐车开动时,动荡的油和罐壁摩擦带电以后,因放电会引起油罐爆炸。又如电子计算机房的工作人员在地毯上行走,因摩擦使人体带电,当工作人员的手触碰电子计算机时,计算机里灵敏而又脆弱的电子元件就有可能会因为瞬间的高压放电而被损坏。

摩擦放电产生的电火花,有时还会引起火灾,造成巨大的损失,因此我们应该注意预防静电产生危害。

# 驯服静电

静电对我们的生产和生活有很大的危害,一不小心,它

就会影响我们的正常生活,给我们带来巨大的损失,但人们只要掌握了科学知识,就能想出许多办法,驯服静电、消除危害。

**油罐车**

如果你仔细去观察运输汽油的汽车,就会发现汽车后面总是拉着一条长长的"尾巴"——一根拖地的铁链条。这根铁链条就是一种消除静电危害的好方法,叫"接地"。把容易产生静电的部件用一个导体与大地连接,可以将静电电荷通过接地导体迅速引入大地,防止电荷的积累,避免静电危害。这是一种既简单易行又安全可靠的方法,现在已经被广泛运用。如输送石油的输油管道每隔100—300米就要接地一次;大型油罐要有好几个很深的接地板;铁路油罐车装卸油料的桥台、钢轨以及邮轮码头都要有专门的接地设施;生产或加工易燃液体和可燃气体的金属设备及输送管道都有可靠的接地设备。不过,接地这种方法有很大的局限性,只适用于消除导体上的静电,对绝缘体上的静电则无能为力,因为绝缘体中的电荷不能移动,所以接地也无用的。

控制静电的另一个有效办法是增加空气湿度。因为空气干燥容易积累静电电荷,所以静电危害大多发生在天气干燥的季节。如果增加空气湿度,工作人员身上、机器各

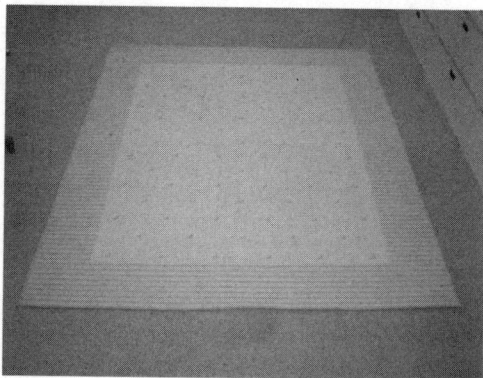

地毯

部件、被加工物体表面均可吸附一层水分,这样电阻变小,电荷产生以后将迅速流入大地。如果工作房间空气湿度在70%以上,一般可以防止静电危害。

油类、纤维质、塑料与橡胶等在加工、装运或使用期间往往产生静电,主要是由于这些物质的电阻率高,绝缘性能好,电荷不易泄漏。如果在这些绝缘物质中加入一些导电填料,做成导电橡胶、导电塑料、导电纤维等,可减小其电阻率,还可以为绝缘材料穿上"导电衣",涂上一层金属粉末或导电漆,降低材料的表面电阻率,减小放电路径上的电阻,防止静电的产生。目前,导电纤维已被广泛用来做成防电

工作服、手套、地毯、包装袋和缝纫线等。

卤水点豆腐，一物降一物。为了防止塑料、化纤制品等绝缘体积聚静电电荷，人们还研制了各种抗静电剂。汽油、柴油、煤油中加入少量的抗静电剂，就可以大大增强它们的导电性能，因此使用抗静电剂也是消除静电的一种"灵丹妙药"。

另外驯服静电还有一个绝妙的方法叫"以电治电"。在胶片生产和印刷生产中，湿度不宜过大，就可以设置"静电消除器"。它的工作原理是造成大量的带电离子，它们的电性与由于摩擦带上的静电电性相反，把摩擦起电的电荷中和掉。

人们还注意到，同一物体分别和几种不同物质组成的物体摩擦后，会产生完全不同的带电效果：有时带正电，有时带负电；有时带电显著，有时则微不足道。根据这种性质，人们对一些经常发生摩擦而带电的零部件的材料进行适当选择，就能破坏静电产生的条件。

总之，随着科学技术的日益发展，静电是一定能够被驯服的，那样我们的生产和生活就能全部恢复正常了。

名句箴言

知识是珍贵宝石的结晶，文化是宝石放出来的光泽。

——泰戈尔

电路

## 电子的运动

电子的定向运动形成了电流，那么电子在电路中是怎样做定向运动的呢？

有些人看到一拉开关电灯就亮，认为是发电厂的电子在拉开关的瞬间飞速地跑到了电灯上，也有些人认为电子可能是在电路中一个顶一个地做"顶牛接力",推倒第一个电子时,其他电子就接连不断地被推倒。这些猜想虽然都有一定的道理,但是都不对,电子在电路中究竟是怎样运动呢?为了说明这个问题,我们先来了解一下阅兵的场面。

阅兵开始前,队伍在大街上静静地等候着。当总指挥一声令下,阅兵仪式开始,队伍中的每个人听到了命令,都动了起来,整个队伍就开始前进了。电子在电路中的运动就好像阅兵的队伍一样。

闭合开关,接通电路,这就像阅兵队伍的总指挥一声号令,整个电路上各处的电子都很听话,几乎同时开始向正极前进,形成了电流,电灯亮了。号令传播的速度跟光速相同,都是300000km/s,这是一个相当高的速度。

应该说明的是,电子开始前进是很及时的,但是前进的步伐却很缓慢。例如,在直径约2毫米的铜导线上,若通过10安培的电流,这时电子定向前进的平均速度只有0.02mm/s。按照这个速度前进,电子定向移动1厘米,大约需要45秒!

# 电阻

电阻与我们的日常生活关系紧密,只是我们很少去注意它。

　　早晨起来,我们打开收音
机听新闻广播,调节音量时实
际上就是调节电位器的电阻;
晚间看电视,电视机的亮度、
黑白对比度及音量的控制也
都是通过转动电位器,改变电
阻的大小,从而改变电流的大
小而实现的,电流大,喇叭声
响,荧光屏亮。

**收音机**

　　我们外出乘电车,电车上也要用电阻。无轨电车是依
靠直流电动机驱动的,电动机通过调节电阻的大小来改变
电流,从而改变电动机的转速,达到调节车速的目的。电车
司机就是用脚踏的轻重不同来控制自动开关,改变电阻的
大小,控制车速的。

　　电阻家族中的成员很多,大小、构造、模样一般都不相
同,而且随着科学的发展,又不断出现一些新型的电阻。

# 绝缘体变导体

　　绝缘体是如何变导体的呢？让我们来看看这个实验。
首先,拿来一只废旧的白炽灯泡,小心地敲击灯泡的玻璃外壳,留下里面的玻璃柱和两根铜丝,并且把两根铜丝接入电路。开始时电路中的灯泡不亮,因为两根铜丝与玻璃柱相连,而玻璃是不导电的绝缘体。再拿一只酒精灯,给玻璃柱加热。过了一会儿,灯泡亮了。大家都很惊奇,为什么酒精灯能点亮电灯呢?

我们都知道,玻璃是绝缘体,因此,用它连接电路当然

各种白炽灯泡

不会通过电流,灯泡不会亮。可是,绝缘体并不总是不导电的,在一定的条件下,绝缘体也可以变成导体。在加热的情况下玻璃就变成导体,所以灯泡就亮了。绝缘体变成导体的情况还有很多,例如,在高电压下,原来绝缘的空气、橡胶、塑料、干木材等都会变成导体。所以,高压变压器附近是不允许人们靠近的,以免触电。纯水是绝缘的,但是,水中若掺有杂质后也就能导电了。

由于绝缘体在一定的情况下会变成导体,所以我们一定要警惕这些随时可能发生变化的物体,以免造成伤害。

# 干电池复活

我们经常要用到干电池,干电池是有一定的寿命的,用了一段时间以后就不能再用。如果我们想想办法,能不能让干电池复活呢?

首先,让我们解剖一个干电池,看看它的构造吧。干电池有两个电极,一个是正极,就是立在圆筒中央的碳棒,它的

手电筒

顶端有一个小铜帽;一个是负极,就是用锌做成的圆筒。锌筒的内壁衬着氯化锌溶液和淀粉混合做成的糊状物。在碳棒和糊状物之间,装有用氯化铵溶液喷湿过的二氧化锰和炭粉的混合物。

当碳棒和锌浸在氯化锌溶液中时,在电极与氯化锌之间就进行着化学反应。结果使碳棒带正电,成为正极,锌筒带负电,成为负极,也就是说,化学反应就像电子泵一样,把碳棒上的电子搬到锌筒上,这样,碳棒缺少电子而带正电,锌筒多了电子而带负电,两个电极之间就有了电压。如果用导线把一个小灯泡与两个电极相连,小灯泡就会发亮。

只要化学反应不停止,电流就可以持续下去。如果化学反应进行完了,电源就失去作用了,也就没有电流了。一般手电筒常用的电池叫一号电池,如果电路上接 5 欧姆的电阻,每天连续放电 30 分钟,可用 850 分钟。

从以上的文字我们可以看出,干电池不能进行化学反应的主要原因是电糊干了,氯化铵不能与锌继续起作用或者是由于氯化铵少了的缘故。针对这个原因,我们可以让电池再复活。办法是:在干电池的底部用铁钉打两个小孔,孔要打在靠锌皮的地方,深度要超过电池高度的2/3。在小孔内分别灌入氯化铵饱和溶液,如果没有氯化铵,可用普通食盐。饱和溶液的制法是,取一杯热水,渐渐加入氯化铵或食盐,不断地搅拌,待杯底有一些沉淀而且不再溶化了,就停止加氯化铵或食盐。放置 24 小时以后,上面澄清的水就是饱和溶液。然后将该溶液注入小孔内,一直到注不进去为止,最后用熔化的蜡封住两个小孔,干电池就复活了,用它可使小灯泡重放光明。

这种干电池复活的方法虽然从经济上讲价值不大,但是当干电池不能用时,我们自己用简单的方法使它重新复活,的确是一件很有趣味的事情。需要注意的是,一节干电池用这种方法复活一般只能重复进行二三次,次数多了就不起作用了。

# 现代电池

电池是一个大家庭,这个大家庭有许多的成员。尽管种类繁多,但总的说来,可以分为化学电池和物理电池两大类。化学电池主要包括干电池、蓄电池、燃料电池、微生物电池等等,物理电池有太阳能电池和放射性同位素电池两种。

**航天飞船**

很多人可能都在电视上看过宇航员在宇宙飞船里喝水的情景,但可能没有人想到宇航员喝的水是由一种特殊的电池提供的,这种电池就是燃料电池。

我们知道,一般电池由正极、负极和电解液三部分构成,燃料电池也是如此。通常燃料电池以氢、甲醇、甲烷、甲醛作为燃料,用氧气、空气、双氧水作为氧化剂,燃料和氧化剂通过催化剂的作用,在两个电极上分别发生氧化和还原反应。如果在飞船上采用氢氧燃料电池,氢就会在电极上氧化生成水,供宇航员饮用,从而大大减少飞船携带水的数量。可见,燃料电池既提供电能又提供饮水,真是一举两得。

燃料电池与其他电池或一般发电方式比较,它最大的特点就是效率高,此外,它还具有无噪声、少污染的优点。因为燃料和氧化剂都是从电池的外面连续地往里输送,故

**燃料电池**

它不需要充电再生;它的功率范围大,可以从几十毫瓦到几万千瓦。由于燃料电池具有很多的优点,所以燃料电池现在已被广泛地应用到宇宙航行的通信设备、潜艇以及无人照顾的场合,像航标、气象站等地方。

放射性同位素能放出各种射线,如 α、β、γ 射线,并放出大量的热量。人们把这种热能转变成电能或把射线作用于某些物质转变成荧光,再使荧光作用于硅光电池产生电流,这样就做成了放射性同位素电池,即核电池。

核电池的可靠性很高,工作寿命可达 5—10 年,目前人们正在设计能工作 15—20 年的核电池。核电池还可以在

很大的温度范围和恶劣的环境中工作,例如,它不怕月球表面 127℃—183℃ 高温的变化,也不怕深海下的高压和腐蚀。正因为如此,人造卫星、空间探测器以及高寒山区、远海孤岛等地方,核电池备受青睐。

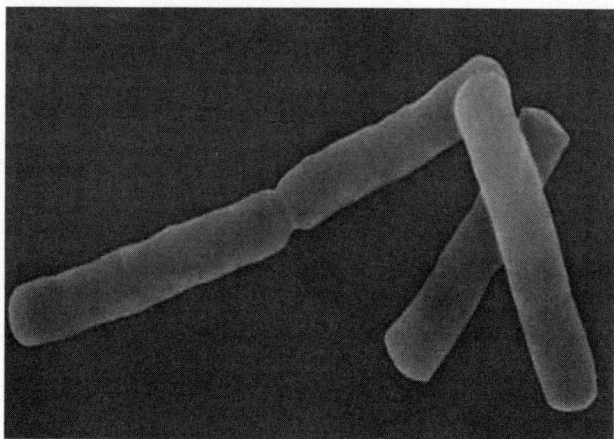

**芽孢杆菌**

在密闭的宇宙飞舱里,必须处理宇航员排出的尿。美国为此设计了一个巧妙的方案:用一种芽孢杆菌来处理人尿,使人尿生产出氨气,氨作为电极活性物质在铂电极上发生电极反应,这样就构成了微生物电池,亦称生物化学电池。一个人一天排出的尿,可获得 47 瓦的电力。这样既处理了尿液,又获得了电,在宇宙飞行中,真是一个两全其美的事情。

近几年来,日本研制成功一种比纸还薄的超薄电池,为电子计算机及电子手表的微型化开辟了美好的前景。这种电池的大小为 4 平方毫米,厚度仅 0.034 毫米,大约是头发直径的一半。超薄电池可以重复充放电 2000 多次, 每次充电后可使用 200—300 小时, 而且提供的电压基本稳定在 2.5 伏。它可贴在太阳能电池的里层,白天利用太阳能电池充电,晚上向太阳能电池放电,可以说是一种"永久性"的电池。

随着电子化技术的发展,研制体积更小、寿命更长、适应性更强、能量更大的电池,是今后的重要课题。

有教养的人的遗产，比那些无知的人的财富更有价值。

——德谟克利特

**名句箴言**

电磁效应

# 奥斯特的发现

如果现在问大家一个问题：电与磁有关系吗？相信大家都会回答电和磁之间是有联系的，电能生磁，磁也能生电，但是在 100 多年前，这个简单的问题却没有正确的答案，人们总是认为电和磁是互不相关、完全不同的两码事,对它们的研究也是分别进行的。

哥本哈根大学

　　是谁最先发现电与磁之间存在联系的呢？这个人就是著名物理学家奥斯特。奥斯特是丹麦人,从小聪明好学,小学和中学的成绩都很突出。1794年,奥斯特以优异的成绩考入哥本哈根大学学习,后来便成为这所著名大学的物理学教授。

奥斯特对电和磁的关系很感兴趣。在他之前，美国科学家富兰克林曾做过莱顿瓶放电实验，结果放电电流把焊条磁化了。这一实验使奥斯特认定电磁转化是很有可能的，

**玻璃罩**

所以一直想找到能证明这种转化的方法。1820 年 4 月的一天，奥斯特在一次讲演快结束的时候，抱着试试看的心理又做了一次实验。他把一条非常细的铂导线放在一根用玻璃罩罩着的小磁针上方，接通电源的瞬间，磁针跳动了一下，这一跳使醉心于研究的奥斯特喜出望外，竟激动得在讲台上摔了一跤。以后的两个月里，奥斯特闭门不出，设计了几十个不同的实验，这些实验都证实了通电导线周围存在磁场。同年 7 月，奥斯特发表了《关于磁体周围电冲突的实验》论文，向学术界宣布了电流的磁效应，他的实验将整个物理界振动了。

但是，当时有些人却认为奥斯特的发现没有什么了不起，是"偶然碰上的事件"。事实上，在获得这个新发现之

前,奥斯特对电和磁的统一性已经研究了十几年,一直在设法证实电和磁的联系,所以奥斯特发现电能生磁不完全是机遇在起作用,而是偶然中的必然,正如巴斯德的那句名言:"在观察的领域里,机遇只偏爱那种有准备的头脑。"

# 电磁炮和电磁船

利用磁场对电流的作用,可以使通电导体运动,把电能变成机械能,电动机就是根据这一原理制成的。这里我们再介绍一下电磁炮和电磁船。

早在20世纪初,有人提出了用磁场对电流的作用力发射炮弹的想法。一些国家相继进行实验和试制,但收效甚微,主要原因是发射速度太小或者能发射的炮弹太轻,因此远远不能与常规大炮相比。

炮弹

美国西屋公司从20世纪50年代开始研究电磁炮,经过不断努力,终于在 1980 年造出一门实验型电磁炮。这门电磁炮炮身长 10 米、重约 3 吨,有两根长长的、互相平行的铜制轨道作为发射架,发射架放在磁场中,两轨道之间安装有炮弹。当接通电源时,几十万安培的电流从一条轨道经炮弹流向另一条轨道,通电炮弹在磁场中受到巨大的作用力,从而使质量为 300 克的炮弹以 4000 米/秒的速度发射出去。目前,日本研制的电磁炮发射速度已达到 7000 米/秒,不过仍处于试验研究阶段,还不能在战场上使用。

电磁具有初速大、射程远、命中率高等优点。它既可以发射炮弹击毁远距离目标,也可以向宇宙空间发射卫星和飞船。有的科学家认为,在未来的航空航天事业中,电磁力发射将代替传统的喷气发射。

电磁船也是利用电磁作用,把电能变成机械能,推动船体运动的。在船壳的底部装有流过海水的管子,管子的外面安装着由超导线圈构成的电磁体和产生电场的一对电

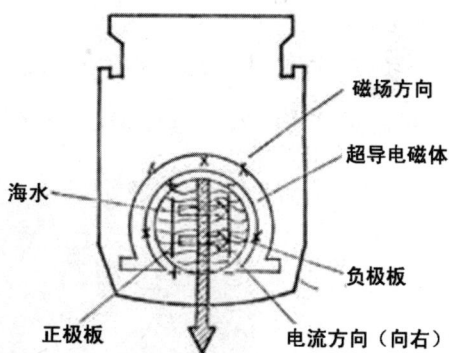

电磁船制造原理图

极。当电极通电时,从管中流过的海水形成强大的电流,海水电流在磁场中受到很大的作用力,就以极高的速度从船

尾喷射出去,推动船前进。据研究人员推测,载重量为10000吨的电磁船的航速有可能达到100海里/时。

美国和日本都进行过电磁船的试验。1976年,日本神户商船大学的科学家先后制成了两艘电磁船模型。根据对这两艘船试验结果的分析,他们设计出一艘代号为ST-4000B的载重量为4000吨的超导电磁破冰船。不过由于目前超导技术在实际应用中还有很大困难,所以这一设计要变成现实还需要一段时间。可以相信,随着科技的不断发展,具有实用价值的各种电磁船将逐渐问世,并驶向五湖四海。

# 磁悬浮列车

说到火车,想必大家都很熟悉,它有着巨龙似的车身、飞转着的车轮、风驰电掣般在铁路线上奔驰的雄姿。

**火车奔驰的雄姿**

自从火车诞生以来,虽然它经历了蒸汽机车、内燃机车和电力机车几次重大的改革,但是火车的轮子总是存在着。由于火车车轮和铁轨之间存在摩擦,因而限制了火车速度的提高。一般来说,火车的运行速度最高只能达到 350 千米/小时。

怎样才能进一步提高火车的运行速度呢?从 20 世纪 60 年代起,人们开始研制一种没有轮子的火车——磁悬浮列车。这种列车是利用特殊装置使铁轨与列车呈同性磁极,由于同性磁极相互推斥,利用这个推斥力将车身托起,使车悬浮于铁轨之上约 10 厘米,另外再利用特殊装置产生一种能使列车前进的牵引力。当列车运行时,摩擦力就可减小到最低程度,这样列车的运行速度将大大提高。

**磁悬浮列车**

目前,日本研制的最新式磁悬浮列车长 22 米,宽 3 米,高 3.7 米,有 44 个座位。整个列车做成倒着的凹形,像一艘倒扣着的轮船,铁轨做成凸字形。运行时,列车稳稳当当地"飘浮"在铁轨上向前飞奔,它的运行速度高达 500 千米/小时,是普通列车的 5—6 倍。如果乘坐这样的列车从北京到广州只要 3 个多小时就可到达。

磁悬浮列车不仅速度快,而且振动小,噪声小,没有脱轨倾覆的危险,因此是一种舒适又快速的十分理想的交通工具。

# 人类的"电磁眼"

雷达是利用电磁波来探测物体位置的一种设备,可以说是人类的"电磁眼"。

大家知道,声波能够被反射,回声就是声波被反射引起的。光线照射到镜面上,也能被镜面反射。同样,当电磁波在传播途中遇到障碍物时,也能被反射回来。雷达就是利

雷达

用电磁波的这个特性工作的。

　　雷达有一个特制的可转动的半球面形天线。它不仅能发射电磁波,还能够接收电磁波。光线向一定方向发射不连续的电磁波时,每次发射持续的时间为 1/1000000 秒,两次发射间隔的时间大约是发射时间的 100 倍。这样,发射出去的电磁波如果遇到障碍物,马上就被反射回来,并被光线接收到,指示仪器就可以判别出前面有飞机或舰艇之类的障碍物。

　　怎样才能确定障碍物的位置呢?由于电磁波的传播速度为光速 c,测出从发射电磁波到收到反射电磁波的时间为 t,就可以根据公式 $s = c \cdot (t/2)$ 来

导弹

确定障碍物的距离,再根据反射天线的方向和仰角就能够确定障碍物的位置了。实际上,这一切都是由雷达指示器的荧光屏和仪表直接显示出来的,使用极其方便。

　　雷达可以用来探测飞机、军舰、导弹及其他军事目标,是重要的军事设施。雷达装在轮船上,即使在黑夜和浓雾中也能清楚地"看到"每一块礁石、每一片岛屿、每一个浮

标,测出附近船只的距离、航向和航速,确保轮船航行的顺利与安全。

装在机场控制塔里的雷达,能方便地知道飞机的高度、距离和方位,"引导"飞机驾驶员操纵飞机安全着陆。

此外,用雷达还可以探测台风和暴雨,研究宇宙间星体的运动。交通管理人员手拿雷达测速器,可以方便地测出汽车是否超速,以保证交通运输的安全等等。

*Follow Me!*

**跟我来！**

电学研究的内容主要包括静电、静磁、电磁场、电路、电磁效应和电磁测量。

静电学是研究静止电荷产生电场及电场对电荷作用规律的学科。电荷只有两种，即正电和负电，同种电荷相互排斥，异种电荷相互吸引，电荷遵从电荷守恒定律。电荷可以从一个物体转移到另一个物体，任何物理过程中电荷的代数和保持不变。所谓带电，不过是正负电荷的分离或转移；所谓电荷消失，不过是正负电荷的中和。

静止电荷之间的相互作用力符合库仑定律：在真空中两个静止点电荷之间作用力的大小与它们的乘积成正比，与它们之间的距离的平方成反比。作用力的方向沿着它们之间的连线运行，同种电荷相斥，异种电荷相吸。

电荷之间的相互作用力是通过电荷产生的电场相互作用的。电荷产生的电场用电场强度来描述。空间某一点的电场强度用正的单位试探电荷在该点所受的电场力来定义，电场强度遵从场强叠加原理。

通常的物质,按其导电性能的不同可分两种情况:导体和绝缘体。导体体内存在可运动的自由电荷,绝缘体又称为电介质,体内只有束缚电荷。

在电场的作用下,导体内的自由电荷将产生移动。当导体的成分和温度均匀时,达到静电平衡的条件是导体内部的电场强度处处等于零。根据这一条件,可导出导体静电平衡的若干性质。

静磁学是研究电流稳恒时产生磁场以及磁场对电流作用力的学科。

电荷的定向流动形成电流。电流之间存在磁的相互作用,这种磁相互作用是通过磁场传递的,即电流在其周围的空间产生磁场,磁场对放置其中的电流施以作用力。电流产生的磁场用磁感应强度描述。

电磁场是研究随时间变化下的电磁现象和规律的学科。

当穿过闭合导体线圈的磁通量发生变化时,线圈上产生感应电流,感应电流的方向可由楞次定律确定。闭合线圈中的感应电流是感应电动势推动的结果,感应电动势遵从法拉第定律:闭合线圈上的感应电动势的大小总是与穿过线圈的磁通量的时间变化率成正比。

麦克斯韦方程组描述了电磁场普遍遵从的规律。它同物质的介质方程、洛伦兹力公式以及电荷守恒定律结合起来,原则上可以解决各种宏观电动力学问题。

根据麦克斯韦方程组导出的一个重要结果是存在电磁波。变化的电磁场以电磁波的形式传播,电磁波在真空中的传播速度等于光速。由此也说明光也是电磁波的一种,因而光的波动理论纳入了电磁理论的范畴。

电路包括直流电路和交流电路,对电路的研究是电学的组成部分。直流电路研究电流稳恒条件下的电路定律和性质;交流电路研究电流周期性变化条件下的电路定律和性质。

直流电路由导体联结而成,导体有一定的电阻。稳恒条件下电流不随时间变化,电场亦不随时间变化。

根据稳恒时电场的性质、导电基本规律和电动势概念,可导出直流电路的各个实用定律:欧姆定律、基尔霍夫电路定律以及一些解决复杂电路的有效而简便的定理,如等效电源定理、叠加定理、倒易定理、对偶定理等,这些实用定律和定理构成电路计算的理论基础。

交流电路比直流电路复杂得多,电流随时间的变化引起空间电场和磁场的变化,因此存在电磁感应和位移电流,存在电磁波。